Impressum

Titel:	Das Buch des Wissens
Copyright:	Seraphim-Verlag Karin und Dr. Steffen Tag Panoramaweg 27, 61194 Niddatal Tel.: 0 61 87/ 29 05 51 Alle Rechte, auch die des auszugsweisen Nachdrucks, der Übersetzung und jeglicher Wiedergabe vorbehalten.
Umschlaggestaltung:	Friedemann Kuhl, Bad Vilbel
Zeichnungen:	Monika Schmidt, Friedberg/Hessen
Druckerei:	Werner Hauck, Leipzig

gedruckt in Leipzig

ISBN 3-00-002657-6

Botschaften des Lichtes und der Liebe

von

Shevan, Helfer des Erzengels Raphael

Medium: Karin Tag

Das Buch des Wissens

gewidmet dem allgegenwärtigen Gott in unendlicher Liebe, zum Lobpreis seiner Heiligkeit und seiner Gnade

Seraphim-Verlag

Für den allgegenwärtigen Gott
und den Frieden auf Erden

Inhalt

Es wird ausdrücklich darauf hingewiesen, daß dieses Buch zur Information über Energien und deren Wirkung auf Seele, Geist und Körper dient. Beschreibungen der Wirkungsweisen von Techniken der Aurareinigung, Edelsteinessenzen, Reiki, Bergkristallen, Organisches Germanium und allen anderen Methoden ersetzen nicht den Arzt, Heilpraktiker oder Therapeuten. Holen Sie sich bitte im Krankheitsfall oder bei gesundheitlichen Problemen fachlichen Rat.

Vorwort

Erzengel sind Wesen aus Licht und Liebe, die Gott in Hingabe dienen. Sie haben es sich zum Auftrag gemacht, die Menschen in ihrer Entwicklung zu unterstützen und Frieden, Licht und Liebe unter die Menschen zu tragen. Nur sehr selten ist es möglich, mit solch einem Seraphim-Lichtwesen Kontakt haben zu dürfen. Dieser Kanal ist etwas Besonderes. Staunend und demütig habe ich die Führung der geistigen Welt erfahren, als mich das Seraphim-Lichtwesen Shevan zum Werkzeug für das „Buch des Wissens" machte. Schön ist es für mich, zu erleben, wie sanftmütig, achtsam und respektvoll mit meiner Seele umgegangen wird und wie wunderbar mir die Liebe und das Licht der Erzengel den Weg zu Gott wiesen. Ich durfte mit diesem Auftrag mitwachsen und bin dafür unendlich dankbar.
Es hat mich besonders beeindruckt, daß solch gnadenvolle Wesen, die in lichten, farbigen Welten in der Glückseligkeit schweben, nicht müde werden, uns Menschen zu unterstützen, zu schulen und auf Gottes Wege zu leiten. Dafür danke ich Gott und seinen himmlischen Helfern.
Ich möchte an dieser Stelle nicht vergessen, all jenen zu danken, die mich während der Entstehungsphase der Botschaft des Lichtes und der Liebe unterstützt haben: Martina für den Mut, den sie mir manches Mal machte, Karin und Norbert für die Themenanregungen, Manuela für die liebevolle Freundschaft, meinem lieben Mann Steffen für die Geduld bei der Entstehung des Manuskriptes, die liebevolle und oft anstrengende Mitarbeit bei Lektorierung, Satz und Korrektur, besonders aber für seine Liebe.
In der Hoffnung, daß möglichst viele Menschen einen Schritt ins Licht gehen, wenn sie die Botschaft Shevans verinnerlicht haben, danke ich Gott für alles, was ich mit diesem Buch erfahren durfte. Ich erbitte den Segen des Herren und den Frieden für diesen Planeten.

Karin Tag

Einleitung

Liebe Seelen all jene, welche in Händen halten diese unsere Botschaft. Wir sind Licht und Liebe, und das sind unsere Aufgaben. Wir sind eine Ärzteschaft aus Energie und Licht. Dies versteht sich nicht als Ärzte im Beruf. Wir sind die Helferenergien des Erzengels Raphael, und 21 Farben und Energiewesen sind unser Bestand. Wir sind, um den Seelen zu helfen und Beistand zu gewähren in allen Lebenslagen. Unsere Botschaften kanalisieren wir über eine reine und demütige Seele, um Euch im Diessein Erhellung und Wissen zu schenken. Viele Aufgaben und Wege habt Ihr in dieser Zeit zu lösen, und viele Irrwege und Fehlmeinungen habt Ihr zum Leben erweckt. Unser Ziel und unsere Bestimmung soll sein, mit unseren Worten die Gottesliebe und -gegenwart in Euren Herzen zu erwecken und Euch mit Licht und Liebe zu erwärmen in den Zeiten der Unruhe. Deutlich möchten wir uns ausdrücken und distanzieren von dem Boom medialer Botschaften in der heutigen Zeit. Zu differenzieren gilt es die Qualität und den Gehalt der Botschaften. Viele Medien geben derzeit Botschaften nur aus finanziellem oder darstellendem Interesse.
Doch wir sind nicht, um zu richten die Menschen oder zu urteilen. Wir gehen in Liebe an Eurer Seite und fördern Euer Fortkommen und das Geraderücken falscher oder veralteter Erkenntnisse.
Jede Seele ist in Freiwilligkeit. Dies ist oberstes und reinstes Gottesgebot. Sofern es Euer freier Wille ist, so laden wir Euch ein, die Botschaften Gottes zu vernehmen. In dieser unserer Botschaft liegt die Weisheit der heutigen Welt. Sie ist nicht verknüpft mit Technik oder

Wissenschaft. Unsere Botschaft möge Euch die kosmischen Zusammenhänge erklären, die die Fortschritte und Techniken Eurer heutigen Zeit mit sich bringen. Vergessen ist Euer Gottesbewußtsein und die Allgegenwart Eurer Gottesliebe in den Herzen. Wir möchten zünden das Licht des Erkennens, die Flamme des Verstehens und das Leuchten der Liebe in Euren Seelen. Die Energien und Schwingungen aller Meister und Heiligen aller Relgionen sind mit uns und in diesen Worten, auf daß Ihr Erfüllung findet im Sehnen nach Gott.
Die Zukunft Eurer Erde und der Friede auf der Welt sind in Euren Händen. Ihr tragt dafür die Verantwortung. So wollen wir Euch wachrütteln und in Liebe und Demut die Worte der Gottesprache in Euch säen, auf daß sie Wurzeln schlagen und zu Sprößlingen der Nächstenliebe und des Friedens wachsen. So Ihr diesen Keim mit dem Regen Eurer Gottesliebe und der Sonne Eurer Herzensfreude ernährt, wird daraus der kräftige Baum des Weltfriedens und die Frucht der allgegenwärtigen Gottesliebe. Glückselig werden die Seelen unter dem Baum des Weltfriedens im Sonnenschein der Gottessehnsucht den Tanz der Brüderlichkeit und Einigkeit aufführen und von der Heiligkeit Gottes singen.
Unsere Botschaft sei verkündet zum Lobpreis des allgegenwärtigen Gottes. Die Liebe und die Hingabe Gottes ist der Lohn des Suchenden. Liebe, Licht, Farbe und Gottesbewußtsein mögen Eure Herzen erhellen, und in Euch möge wachsen die Liebe und Freude der Unendlichkeit. Amen.

Die Wirksamkeit von kanalisierten Farbenergien

Die Zeit ist in Wandlung, da die Menschenseelen immer mehr vergessen, den Sinn nach dem Sein in diesem Leben zu suchen. Noch vor einigen Jahrzehnten nach irdischer Zeit waren die Menschen mehr beschäftigt mit der Sprache und der Musik als Künste und Form von Gottesliebe. Sie waren sensibler und lebten mehr in Treue und Gefühl für die Schönheit und die Reinheit der Worte. So waren Texte, Gedichte und Lehrbriefe von hoher geistiger Qualität und Reinheit. Die Erzengel verliehen diesen Botschaften Geist und Musik. So drangen sie in die Herzen der Menschen und auch in die Tiefen der Seele. Es erinnerten sich die Seelen an Gott und seine Liebe.
In der heutigen Zeit sind die Worte aber nicht mehr mit den Schwingungen der Energien verbunden. Die Kunst der Sprache ist nicht mehr im Bewußtsein dieser Zeit. So helfen die religiösen Texte und Lehren der großen Meister der Vergangenheit den Seelen immer weniger auf die Pfade des Gottsuchens. So sind noch in den Herzen jener, die die Heiligkeit von Worten leben, lieben und achten, Vorbehalte und Abwehr gegen neue Formen der Energiearbeit der Erzengel. Alte Heilige sind der Meinung, daß Botschaften durch den Kanal einer Seele nicht von Gottes Willen und Weisheit stammen, sondern von bösen Wesen, die Besitz ergreifen von den Seelen und sie in Abhängigkeit treiben wollen. Dies war zu früheren Zeiten der Fall, als die Menschen noch nicht die Möglichkeiten des Schützens kannten. Nun aber in der neuen Zeit sucht Gott, seine Kinder zu finden und sie zu unterstützen in Liebe und Lichtigkeit. Hier sind es die Helfer der Erzengel, die den Kanal schaffen und gereinigte Botschaften senden dürfen,

um die Seelen der Menschen nach den Schwingungen der heutigen Zeit zu erreichen. Nur noch wenige Kindesseelen lesen oder versenken sich in Phantasie in die Geschichten, die ihnen erzählt werden. Die Seelen leben weniger Gottesgegenwart als je zuvor. Dies ist in der Bewegung der Zeit. So werden die älteren Menschen in der Qualität ihrer alten Werte bleiben und diesen Weg schreiten in Liebe zu Gott. Doch ist es im Willen und Wissen Gottes, zu künden von seiner Liebe zu seinen Kindern und von der Ewigkeit des Seins. Waren früher Rauchzeichen und Trommeln die Verkündigung der Gegenwart Gottes, so verkünden nun die Helfer der Engel die Gnade und das Licht Gottes. Die Seelen gehen in Freiheit, zu erkennen, welcher oder welches der für sie richtige Weg ist. Früher hatten Worte und Beschreibungen die Intensität von bildhafter Vorstellung. Mit jedem Wortspiel oder vergeistigtem Text ergab sich das Bild in Gedanken. Durch die Gedanken materialisierten sich Farbenergien in ihrer Natürlichkeit und Wirklichkeit. Die Farbenergien konnten durch die Phantasie und Vorstellungskraft der Seele materialisiert werden und zu Ausgleich und Harmonisierung der Seele führen.
Durch die heutige Zeit des Fernsehens ist die Intensität der Phantasie und somit der Farbenergien stark herabgesetzt. Es ist nötig, durch die Helfer der Erzengel und der wachsenden Zahl von Energie- und Lichtgruppen die Schwingungen der Gedanken wieder zu manifestieren. Habet keine Angst vor unrechtem Handeln! Die Zeit beschreibt neue Wege, und die Erzengel verkünden Gottes Botschaften auf neuen Wegen, weil es vonnöten ist. Durch den Umgang in Bewußtheit mit solchen Farbenergien wird nicht nur der Entwicklungsgang der eigenen Seele gefördert, sondern diese Eure Welt kann auch im Frieden unterstützt werden.

Gott prüfet die Reinheit der Seelen und läßt nicht zu, daß die Seelen zum Schaden anderer handeln oder Böses mit den Energien tun. Diese Aufgaben und Arbeiten funktionieren nur mit Gottes Einverständnis und in seinem Willen. Benutzt eine Seele diese Energien zum Schaden einer anderen Seele, so sind sie wirkungslos. Jede Seele entscheidet sich in Freigang, ob sie das Geschenk der Liebe und Gottesnähe annehmen möchte. Sie handelt in Gottes Auftrag und um zu dienen in Demut des Herzens. Dies ist eine Gnade und Bereicherung auf dem Wege zu Gott.
Nicht vergessen sollt Ihr den Weg der Stille und der Zweisamkeit mit Gott. Werdet ruhig in Euch, und gestehet ihm Eure große Liebe. Doch handeln müßt Ihr ebenfalls, um seine Energien und sein Licht in alle Herzen und zu allen Seelen zu tragen. Die Aufgabe des Kanales versteht sich als Botschaft von Gottes Liebe und Gnade.
Gott ist allgegenwärtig und wartet auf die Stimme des Herzens jener Seelen, die sein Werk, seine Liebe, sein Licht verkündigen und leiten in die Welt zu seinem Lobpreis. Tust Du Dienst mit den Engeln Gottes, wird Deine Liebe und Dein Sehnen nach Gott Erfüllung finden. Gott ist das Leuchten in Euren Herzen und die Kraft und die Liebe, die Ihr bereit seid zu verschenken in Freude und göttlicher Demut. Das ist sein Auftrag.

Die Wichtigkeit von Energien und die Bedeutung von Farbenergien für den menschlichen Körper und die kosmische Seele

Die Energien, welche sind in der Welt und in Eurem Bewußtsein, sind Schwingungen. Töne sind Schwingungen, die Ihr messen und nachweisen könnt. Die Energien des Kosmos bestehen alle aus Schwingungen. Für Euch sind jene nur nicht meßbar, also glaubet Ihr nicht an das, was Ihr nicht beweisen könnt. Die Schwingungen jedes Lebewesens sind durchsetzt von Farbqualitäten und Farbenergien.

Die Farben für den menschlichen Körper können Heilung, Erkennen und Lösen von seelischen Blockaden, aber auch Ausdruck des Gemütes sein. Früher erkanntet Ihr Euch und Euresgleichen an den Farbschwingungen Eurer Seele.

So gibt es Farben, die das Sonnenlicht nicht nur leiten, sondern auch speichern für die Zeiten des Dunkelns. So färben die Bäume ihr Laub im Herbst in kräftigen Rot- und Brauntönen, da diese die Sonnenkraft speichern und die Aura des Baumes aufladen mit den Energien, die nötig sind, um ihn zu versorgen in des Winters harten Zeiten. So sind auch Eure Farben in und um Euer Sein, damit Ihr einen Ausgleich für Jahreszeiten, Schwingungen und Emotionen empfangt. Die Bedeutung der Farben ist also für Euer Bewußtsein genauso wie für Euren Körper. Bemalten sich die eingeborenen Indios mit den Farben der Erde, so empfingen sie die Schwingungen der Sonne und erhielten Kraft und Freude für ihre Seele und ihr Fortkommen.

Gehet bewußter mit den Farben, denn sie sind kräftiger als jegliche Rituale oder Symbole, die Euch schützen oder helfen sollen. Achtet dabei auf die Natürlichkeit der Farben,

denn sie ist eine Voraussetzung für die Stärke der Leitfähigkeit. So wird ein erdfarben bemaltes Blatt höhere Schwingungen haben als eine gleichfarbige Folie aus künstlicher Herstellung. Das heißt nicht, daß selbige keine Wirkung haben. Sie ist nur geringer und bedarf öfter der Erneuerung. Wir verstehen die 5 Grundfarben als die wichtigsten: Rot, Blau, Gelb, Grün und Weiß. Aus diesen vermischen sich die anderen in entsprechenden Abstufungen und Nuancen. So nimmt der Körper die Mischungen im Unbewußten selbst vor, wenn er gesund und ohne seelisches Leid ist. Rot nimmt er vor dem Winter durch Beeren und Blumen in sich und seine Aura auf. Alleine das Betrachten einer roten Blüte ist genug Verinnerlichung der Farbenkraft, so daß die Farben Rot nur in begrenztem Maße direkt dem Körper zugeführt werden müssen. Doch auch im Herbst lockt das himmlische sonnengeladene Gelb und Rot der Äpfel, die Energie der Sonne zu speichern.
Die Farbe Blau ist eine der wichtigsten Farben für den Organismus. Deshalb machte Gott der Herr in seiner Gnade und Liebe Euren Himmel blau. Ein Großteil des Jahres schenkt er Euch die intensiven Strahlen des Blaus und gibt Euch durch das Einatmen des blauen Ozon-Sauerstoff-Gemisches die Kraft der Selbstheilung und Intuition. Menschen, die da sind zu viel in geschlossenen Räumen, weil sie dort leben oder arbeiten, verlieren diese Intuitionen, denn sie haben zu wenig Blau in ihrer Aura und ihrem Körper. So werden sie auch erkranken an schweren seelischen und körperlichen Leiden, die durch den Mangel an Blau verursacht sind. Auch Schlafmangel zählt zu jenen.
Die Farbe Grün ist Euer ständiger Grundversorger an Energien, die nahrhaft und energiespendend sind. Eure Hauptnahrungsmittel sind alle grün, sofern sie nicht durch Trock-

nung, Zubereitung verändert sind. Ihre Farbschwingung Grün verlieren sie nicht durch die Methoden des Zubereitens oder Konservierens. Sie versorgen Euch mit den Botenfarben, die Eure Lebensenergien in Fluß halten und die Verbrennungsaktivitäten im Körper steuern. So ist der Baum mit der Farbe Grün der Wandler von Sonnenkraft und grünen Farbstoffen, Quelle für Euren Sauerstoff und Euer freies Atmen.

Die Farbe Gelb ist Eure Vitalität und Lebensquelle. Sie ist Euer Speicher für Vitalität und Lebensfreude. Es geht Euch wohl, wenn Ihr Sonne am Himmel seht. Die Farbe Gelb ist der Speicher der Lebenskraft.

Die Farben gehen aber auch in Zusammenspiel. Durch das Blau des Himmels wird die Intensität der Sonnenstrahlung Gelb gesteuert. Durch Eure Unachtsamkeit mit den Abgasen wird die Ozonschicht zerstört, und Ihr empfangt zuviel der Farbenergie Gelb. So ist nicht nur Eure Haut in Gefahr, wenn die Sonne am höchsten steht, sondern die Energien sind auch zu stark für Eure Aura und Seele. Dies kann Ursprung von Gereiztheit und Aggressionen sein. Ihr empfindet stärkere Schwankungen, wenn es auf den Winter zugeht, da Ihr im Sommer zu starke Strahlung aufnehmen mußtet. Immer mehr Seelen leiden, wenn die Sonne sich im Stand von der Erde entfernt, an Depressionen oder anderen seelischen Erkrankungen.

Die Farbe Weiß ist die energievollste und wichtigste überhaupt. Sie ist die Neutralität und die Möglichkeit der Mischung der anderen Farben in andere Intensitäten. Sie schwächt ab oder hellt auf. Neutral ist sie Leiter der kosmischen Schwingungen. Im Winter, wenn der Schnee die Welt in Weiß hüllt, neutralisiert er einen Großteil der Schwingungen um den Jahreswandel. Zu groß sind der

Energien Kraft am Jahresende und -neubeginn.
Durch die Erwärmung der Erde ist das Farbverhältnis nicht im Gleichklang. Die Schwingungen und Farbintensitäten sind zu hoch, und Eure Erde ist nicht mehr im Gleichgewicht. Das ist generell eine Ursache für Katastrophen und dergleichen. Erkennet, daß nicht nur der Anstieg der Wärme ein Problem für Eure Erde ist. Der Farbausgleich der Energien ist wichtig und lebensnotwendig!
Die Leiden und Qualen der menschlichen Körper sind dergleich in Zusammenspiel mit den Farben auf der Erde und den Farbenergien im Kosmos. Viele Engel sind Boten für die Farben, die Euch ausgleichen und Eure Erde stabilisieren sollen. Doch Hilfe von jenen ist nur möglich, wenn Ihr Euer Bewußtsein erweitert und sie um Hilfe ersucht. Sie sind bemüht, Euch im Fortkommen Eurer Seelenentwicklung zu unterstützen. Doch noch zu wenige bitten die Engel um Hilfe. So verstehen wir uns als Botschafter für die Energien der Farben und den Ursprung von Liebes- und Lichtarbeit zur Unterstützung Eures Werdens und Wachsens in Eurem Hiersein. Wir sind eine Energiegruppe aus allen Farben, die wir vorher genannt haben. Wir haben zusammengeführet die Energien und sind im Auftrage Gottes zu helfen den Energien des Erzengels Raphael. Jener ist für den Frieden, die Nächstenliebe, die Brüderlichkeit, die Barmherzigkeit und die Gnade. Doch wollen wir in seinem Auftrag und Namen die Energien fördern, die Euch Hilfe und Bestimmung sind. Es gibt viele Helfer wie wir, die den Erzengeln zur Seite stehen und ihre Göttlichkeit und Energien weiterleiten zu den Seelen der Menschen und ihren Aufgaben. So verstehen wir diesen unseren Auftrag in Einigkeit mit Gottes Liebe und Licht. Licht ist aus allen Farben, Licht ist Energie und Bestimmung von

Gottes Nähe, Barmherzigkeit und Gerechtigkeit. So geben wir diese unsere Botschaft, um noch mehr von Gott und seiner Liebe in Eure Herzen zu tragen. Eure Seelen zu leiten zur Erkenntnis um Gottes Größe, Liebe und Unendlichkeit ist unsere Freude. Ihr seid Kinder Gottes - Ihr seid Licht und Liebe. In Freiheit seid Ihr, um Gottes Werk zu schützen, zu lieben und Euch zu vereinen in Liebe, Einheit und Wärme.
Wir sind Eure Hilfe und Eure Beschützer in und auf den Wegen Eures Weiterfindens. Verstehet unsere Botschaften und gehet in Freiheit und Liebe den Weg in Eures Vaters liebende Schwingungen und Energien, zu werden unendliche Liebe und verschmelzende Seelen.

Des Friedens Weißheit sei mit Euch!

Farbenergien in den Lebensräumen und die Möglichkeit des Energieausgleiches

In Euren Lebensräumen finden immer mehr Anwendung künstlich und synthetisch hergestellte Stoffe und Farben. Zum Ausgleich der Energien und zur Stabilisierung Eurer Aura könnt Ihr Euren Lebensraum mit Farbenergien versehen, die schützen und unterstützen.
In der natürlichen Farbschwingung von Pflanzen oder Steinen oder gar Erde sind genug Energien, den Körper auszugleichen, seine Selbstheilung zu fördern und zu schützen vor künstlichen oder natürlichen Belastungen. Alle fünf Grundfarben sollten in Euren Lebensräumen für Gleichgewicht sorgen. So ist Weiß an den Wänden neutralisierend und fördert die Energieaufnahme und -leitung durch den Kosmos. Am besten geeignet ist jedoch völlig natürliches Baumaterial. Die Stämme von Bäumen tragen ihre positive Aura noch Jahrhunderte nach dem Fällen in Eure Lebensräume. Diese Energien zu achten ist in kosmischer Einigkeit. Doch nicht immer ist es Euch möglich, den guten Diensten von Baumseelen zur Anwendung zu verhelfen. So nutzt möglichst viele natürliche Farbenergien, um Euren Lebensraum Gott und seiner Schöpfung zu weihen. Ihr lebt Dankbarkeit um Gottes Schöpfung, wenn Ihr sie achtet und ehrt als lichten, universellen Wohnort aller Seelen. Die Nutzung von Farbenergien könnt Ihr noch verstärken, indem Ihr bewußt jede Farbe in Euch und Euer Bewußtsein aufnehmt, wenn Ihr morgens Euren Tag beginnt. In Zwiesprache mit Gott zum Tagesbeginn und das Gebet und die Bitte an die Erzengel, die Behausung und die Schöpfung Gottes mit Licht zu erfüllen, hilft Euch und Eurer Umwelt. Bittet die Erzengel, in jede Eurer Farben, die Ihr durch

Anstriche oder Stoffe an den Wänden anbringen könnt, die Energien der Erzengel zu senden. Mit deren Energie und hohen Schwingung finden die Farben höheren Gehalt und bringen Euch Hilfe und Schutz in Eurem Hiersein. Doch auch hier bedarf es der Bitte an die Engel, um den Glanz und die Glorie der Erzengel aussenden zu dürfen. Erfüllt sein wird Euer Lebensraum von dem Licht Gottes. Es wird Euer Bewußtsein reinigen und Eure Wandlung, Eure Gottesliebe fördern. So werden alle Erzengel sich freuen über ihren Auftrag, Euch zu schützen und Lichtigkeit in Eure Welt zu tragen.
Doch nicht nur Ihr habt Eure Lebensräume. Auch die Pflanzen und Tiere haben ihre Bereiche, die es zu schützen gilt. Nach und nach verändert Ihr Euren und den Lebensraum aller Lebewesen auf Eurem Planeten in unbedachter Weise. So bittet die Erzengel für alle Wesen und deren Lebensräume um Erhellung und Erhaltung durch Lichtwerdung in Farbe und der Liebe Gottes.
Achtet und schützt Euren Lebensraum und schenkt ihm Eure Liebe. Nicht in materiellen Werten liegt Euer Reichtum. Euer Reichtum und Euer Glanz liegen in der Göttlichkeit Eures Lebensraumes. Seid dankbar und neiget Euch in Demut vor der Schönheit der Schöpfung Gottes, und gehet mit ihr um in Bedachtheit und Liebe. Achtet auf Euer Verhalten mit Abgasen und Abfall. Ernährt Ihr Euch natürlich, so ist auch das, was Ihr zurückgebt in Euren Lebensraum, Natur. Bewegt Ihr Euch natürlich, so achtet Ihr Eure Natur. Findet Möglichkeiten der Wiederverwertung von Abfällen, so daß sie nicht überhandnehmen. Öffnet Euer Bewußtsein für die Heiligkeit in und um Euren Lebensraum.
Sendet mit einer Meditation jeden Tag mit Hilfe der Erz-

engel die Farbenergien auf Euren Planeten und in Euren Lebensraum. Auf diese Weise zollt Ihr Gott Achtung und erweist seiner Schöpfung Liebe, Licht und Zuwendung. Freut Euch mit jeder Blume am Wegesrand, denn sie ist Euer Nachbar und bewohnt mit Euch Euren Planeten. Durch ihre Schönheit und ihren Duft trägt sie Euch Freude in Eure Seelen und ist so im Auftrage Gottes. Sprecht Ihr sie an und sagt ihr, wie schön sie ist und wie wundervoll sie ihren Dienst für Gott tut (denn sie ist göttlich!), so wird sie Freude in ihrer eigenen Aura tragen. Das erhöht die Qualität ihrer Energie und ihrer Schwingung und somit die Schönheit und Harmonie ihres und Eures Lebensraumes. Freut Euch über das Singen der Vögel, denn sie sind die Musikanten Gottes und seiner Engel in Eurem Hiersein. Gehet bewußt in Gottes Schöpfung und kündet durch Freude und Tätigkeit die Schönheit und die Lichtigkeit Eurer Erde.

Eure Seelen werden getragen und geschönt von den himmlischen Energien aus Gottes Hand. Denn Gott liebt seine Seelenkinder und freut sich über ihr Bemühen, zu ihm zu finden. Ehrfurcht in Gottes Schöpfung ist der Weg zu Gott, der Weg zu völliger Hingabe und Verschmelzung in der Einheit des Lichtes und der Liebe. Möge dies Euer Bestreben sein!

Die Farben in Nahrungsmitteln und die Nützlichkeit ihrer Energie für Körper und Seele. Genmanipulation und die spirituellen Auswirkungen

Mit der Nahrung, die von Gott kommt, geht Ihr in Bewußtheit und Achtung, wenn Ihr ihre Herkunft und ihre hohe geistige Kraft erkennt und achtet. Die Menschen der heutigen Zeit haben ihr Bewußtsein verschlossen vor den gehüteten Weisheiten der Ur- und Naturvölker. Unachtsam und gedankenlos gehen sie in der Schnelligkeit des Lebenswandels mit ihrem Körper und der Heiligkeit von Nahrung um. Sie beeinflussen Pflanzen und andere Lebensmittel auf gefährliche und unnatürliche Weise. Sie mißachten die Gesetze der von Gott bestimmten Schwingungen und Energien. Jede Pflanze und jedes Lebewesen ist ein Geschöpf Gottes, das es zu verstehen gilt. Jedes Lebewesen hat einen feststofflichen und einen feinstofflichen Körper, so, wie der menschliche Körper ebenfalls. Vermischt Ihr nun Erbteile von verschiedenen Lebewesen miteinander, weil Ihr glaubt, dies könnte für Euch zum besten gedeihen, verändert Ihr die Energien auf höchst gefährliche Art. Doch Gott ist gnädig und geht nicht, zu richten die Menschen in ihren Taten. Er läßt sie aus den eigenen Fehlern lernen, denn sie sind frei in ihren Entscheidungen. Aber es ist wichtig zu verstehen, daß die Schwingung zweier verschiedener Lebewesen, wie zum Beispiel ein Fisch und eine Tomate, so gegensätzlich sind, daß sie grenzenloses Leid und ewige Qualen erleiden in der feinstofflichen Welt, wenn sie im Erbgut vermengt und fälschlich aneinandergekettet werden. Diese Energien fallen auf jene Seelen, die solche Nahrungsmittel zu sich nehmen. Dies hat für Euch und Eure menschlichen Körper fatale Auswirkungen, von denen Ihr erst in vielen Jahren Erkenntnis findet. Erst wenn die feinstofflichen Energien in Eurem Bewußtsein wiedergefunden sind, werdet Ihr um die Zusammenhänge und Ausmaße wissen. Doch wir verurteilen nicht die Menschen, die so sich verhalten gegen die Kreaturen und Wesen der Schöpfung. Sie werden in der Zukunft der Zeit in Erkenntnis sein. Bis dahin senden wir auch ihnen Liebe und Licht zu ihrem Fortkommen in ihrem seelischen und wissenschaftlichen Entwicklungsgang. Wir wenden uns aber mit Nachdruck an jene, die entscheiden können, ob sie solche veränderten Lebensmittel in ihre Nahrungskette aufnehmen. Helft den Wesen, die gekreuzt und gequält in grenzenlosem Leid zwanghaft miteinander verbunden sind. Überdenkt die Aufnahme jeglicher Nahrungsmittel, die auf diese Art behandelt oder scheinbar verbessert werden. So kommen jene Menschen, die diese Produkte zur Herstellung zwingen, zur Vernunft und Änderung aus rein wirtschaftlichem Interesse. Wichtig ist auch für Euch, die Ihr Euch ernährt, daß Ihr Euren Körpern solche Energien nicht zumuten solltet. Die Weisungen Gottes sind mißachtet, und die Energien sind in Chaos. Euer Körper wird krank und das Leiden der mißhandelten Wesen spiegeln. Der Wahnsinn, den Ihr in Euren Körpern ausdrücken werdet, spiegelt das Leid der Wesen, die Ihr entgegen der Schöpfung verbunden habt. Auch einige Krankheiten, die Ihr bereits nachweisen könnt, rühren von der Vermischung von Seelenenergien, die nicht in Verbindung gehören.

So lebet bewußt mit möglichst natürlichen Produkten Eure Nahrungsaufnahme. Hierbei spielen die Farbenergien ebenfalls eine große Rolle. Sie versorgen Euren Körper mit den Energien der Kraft, des Schutzes und der Selbstheilung.

Achtet auf möglichst hohe Farbvielfalt in Eurer Nahrung, da sie Euch in Eurem Körper, Eurer Seele und Eurem Umfeld unterstützt. Es sind nicht nur die Vitamine, die Euch zu Selbstheilung führen mit ihren Schwingungen. Im Gegensatz zu den Vitaminen bleiben die Farbschwingungen der Lebensmittel nach der Zubereitung mit nur wenig Verlust fast völlig erhalten und wirken in Körper und Aura. Hierbei ist auf schonende Zubereitung zu verweisen, da naturbelassene Nahrung besser zu verdauen ist und auch die Vitamine und Nährstoffe dem Körper besser zugeführt und aufgeschlüsselt werden können. So nimmt sich der Körper jene Farbschwingungen, die für Seele und Körper zum Zeitpunkt der Nahrungsaufnahme nötig sind. Es ist von großem Vorteil, sich intuitiv für eine Mahlzeit in den entsprechenden Farben zu entscheiden. Lernet, auf Eure Seele zu hören, die im Unbewußten die richtigen Farben wählt. Versorget Euch mit möglichst viel farbigem Obst, Gemüse oder Säften, so daß Ihr lernt, zu erspüren, wonach Körper und Seele verlangen. Nicht sinnvoll sind künstliche Farbstoffe in Tee oder Getränken, da sie nur wenig Farbenergie führen.

So wird jede Nahrungsaufnahme oder Mahlzeit zum Gebet. Wendet Euch in Hingabe und Liebe dem Essen zu. Gehet in Ruhe und Entspannung mit der Gegenwart Gottes in Euren Lebensmitteln. Seid dankbar jedem Lebewesen, ob Pflanze oder Tier, daß es sich mit Körper oder Geist für Euer leibliches und seelisches Wohl zur Verfügung stellt oder opfert. Danket Gott für seine wundervolle Schöpfung, die er so wohl durchdacht und in Liebe erschaffen hat. Erkennet den Gehalt der Gottesliebe in jeder Nahrung. So wird sich Euer Geist erhellen, und Eure Seele wird spüren die Dankbarkeit und die Ehrfurcht und Demut vor Gottes

Gnade und Güte. Lebet nicht in Überfluß oder werfet Gottes Nahrung einfach weg ! Kauft nur so viel, wie Ihr wirklich benötigt, um satt zu werden ! Zu viel wird einfach weggeworfen und verfehlt seine Bestimmung. Jedes Stück Obst, das in Liebe und Hingabe für Eure Versorgung verwendet wird, wird in der feinstofflichen Welt die göttliche Verschmelzung der Seelen erfahren. Denn die Pflanzenseelen dienen in Aufopferung und Hingabe schweigend der Bestimmung Gottes. Werft Ihr sie weg, achtet Ihr nicht die Heiligkeit ihrer Absichten und ihrer Aufopferung. Verschenket Ihr aber in Liebe an jene, die Hunger leiden, werdet Ihr und auch jene Lebewesen, die Ihr verschenket habt, erhellt in Gottes Liebe und Dankbarkeit. Nahrung ist Leben, Pflanzen sind Lebewesen mit Seelen und Empfindungen. Gehet Ihr in Dankbarkeit mit ihnen, so schenket Ihr ihnen Glückseligkeit. Verschenket Ihr Glückseligkeit, dann werdet auch Ihr glückselig, wenn Eure Bestimmung erfüllt ist.
Gott der Herr ist Liebe und Hingabe, Güte und Gnade in allen Dingen, allen Wesen und allen Energien. Alle Lebewesen sind Geist und nennen sich Gottes Kinder. Mißachtet Ihr sie, so mißachtet Ihr Euch und Gottes Schöpfung. Die Herrlichkeit Gottes sei in Euch und Eurem Wissen. Seine Liebe lebt in Euch und in seiner Schöpfung. Erkennet die Liebe und das Licht und das ewige Leben aller Wesen und Seelen.

Gentechnik - die Handlungen der Menschheit gegen das kosmische Gesetz

Die Menschenseelen in der heutigen Zeit sind ausgestattet mit hoher Intelligenz und Technik. Sie ermöglichen Euch, Einblick und auch Eingriff in die Natur vorzunehmen. Doch vergeßt Ihr dabei, Gott und seine Schöpfung zu achten und die kosmischen Gesetze und deren Ethik mit einzubeziehen. Eigentlich solltet Ihr nur Betrachter sein und die Wunder der Natur und der Menschwerdung in Euch aufnehmen und Gott loben in seiner Größe und Allgegenwart. Gottes Schöpfung ist wunderbar, und die Artenvielfalt und -entwicklung der Lebewesen ist in göttlicher Ordnung.
Doch wichtig ist auch die Ebene des Geistes und der Seelen. Diese Eure Welt ist für Euch Seelen geschaffen, um in ihr die Wunder Gottes zu schauen, um zu lernen und zu üben in Gottes Auftrag und in Gottes Willen. In Freiwilligkeit hat sich die Seele entschlossen, auf diesem Planeten in dieser Dimension zu lernen und zu üben mit dem Ziel der Gottesliebe. So Ihr hier auf dieser Erde seid und die Schöpfung achtet und liebet, so seid Ihr in Gottes Auftrag.
Wir müssen beginnen in der Zeit vor Eurer Geburt, um verständlich zu machen, in welch sinnlosen und auch gefährlichen Wegen Ihr in die Natur und somit Gottes Schöpfung eingreift. Doch nur wenn Ihr erkennet, so könnt Ihr ändern und bessern Euer Fehlverhalten.
Die Seelen befinden sich in der unendlichen Ewigkeit. Wenn sie sich entscheiden zur Lernaufgabe auf der Erde, so fallen sie in den Schlaf des Vergessens. Denn sie können nur lernen, wenn sie die kosmischen Zusammenhänge und das ewige Leben vergessen. So nun eine weibliche Eizelle vom männlichen Sperma des Menschen befruchtet

wird, so ist die Seele vom Moment des Zusammenschlusses in Verbindung mit dem neu entstandenen Wesen. Auch eine Zelle ist ein Wesen. Mit dem Heranwachsen des Embryos in 9 Monaten ist die Seele in den Körper des neuen Menschen gelangt und beginnt noch im Mutterleib seine Phase des menschlichen Erlebens. So Ihr ein Kind abtreibt oder verliert, muß die Seele von vorne beginnen und erfährt dadurch in kurzer Zeit den Kampf von Geburt und Tod. In früherer Zeit waren Fehlgeburten alleine der Auslöser solcher Erlebnisse der Seelen. Fehlgeburten waren ausgewogen und in Natürlichkeit bestimmt – ebenfalls als eine Lernaufgabe des Erfahrens von Geburt und Tod. Doch was Ihr heute betreibt, ist nicht mehr im Rahmen der Natur. Nicht Gott entscheidet oder die Seele selbst darf in Entscheidung gehen – andere Seelen entscheiden und machen sich so zu Gott. Wir sind nicht, zu richten, aber dies ist von schwerwiegendem Fehlen der Seelen. Gott der Vater ist gütig und verzeiht dies seinen Kindern. Doch er zürnt es ihnen bisweilen sehr.
Noch schlimmer ist das völlige Eingreifen in den Werdegang der Menschenevolution. Nicht mehr der seelische Werdegang ist in Eurer Zeit wichtig, wichtig sind nur Gesundheit, ewige Jugend und Reichtum. Mit dem künstlichen Befruchten erfüllt Ihr den Wunsch kinderloser Eltern. Ihre Aufgabe, für die sie geboren sind, können diese Seelen nicht erfüllen. Denn sie sollten möglicherweise die Kinderlosigkeit annehmen oder gar ein anderes elternloses Kind adoptieren. So nehmen jene, die eine künstliche Befruchtung durchführen, Einfluß auf den Lauf der kosmischen Gesetze. Sterben jene Menschen, die eigentlich keine Kinder haben sollten, müssen sie erneut in eine solche Situation geboren werden, bis sie sich für das

kinderlose Leben entschieden haben. Noch schlimmer aber das Karma, das sich jene aufladen, die die Eizellen künstlich befruchten und an Hand der Chromosomen über Leben und Tod der Seele entscheiden. Denn auch eine künstlich befruchtete Eizelle ist sofort mit einer Seele in Verbindung. Doch auch hierüber wollen und dürfen wir nicht richten.

Seid Euch darüber im klaren, daß dieser Planet ein Übungsplatz ist für die Seelen, nicht für deren Körper. Was gäbe es noch für Übungen, wenn Ihr Euch genetisch den Einheitsmenschen mit 150 Jahren Lebensdauer erschafft, der, angepaßt und uniform, auf dieser Erde weilt, um den Diensten und den Genüssen zu frönen, die um Geld und Macht handeln. Gott wird in diesen Herzen nicht weilen können, denn sie sind gefühllos und uniform erschaffen von Menschenhand. Seid in Gewißheit, daß diese Entwicklung gegen alle kosmischen Energien sein wird und dies zum Zusammenbruch Eurer Zivilisation führt. Denn Ihr züchtet Euch den künstlichen Menschen - seelenlos. Keine Seele wird in Freiwilligkeit in solch einen Körper schlüpfen, um dessen Gefangener zu sein, ohne die Lernaufgabe leben zu dürfen.

Macht Euch bewußt, daß Jugend, Alter, Schönheit, Häßlichkeit, Gesundheit und Krankheit Aufgaben sind, die die Seelen lehren von der Allgegenwart und der Liebe Gottes. Natürlich könnt Ihr in diesem Leben davon nicht wissen, denn Ihr alle habt den Schlaf des Vergessens geträumt und müßt Eure Lernaufgabe gehen, welche Ihr Euch in Freiwilligkeit selbst gewählt habt. Nehmt dies als Warnung! Eure Menschheit ist auf dem Höhepunkt der Entwicklung. Führt Ihr sie in den Zusammenbruch?

Ihr lebt Freiwilligkeit. So macht Euch bewußt die geistigen

Zusammenhänge, und lebt Hingabe in Gottes Schöpfung. Gene sind Bausteine des Körpers, die gottgewollt in das Umfeld des Körpers der Seele gelangen - Bausteine, die Euren seelischen und geistigen Entwicklungsgang fördern. Entfernt Ihr diese Bausteine oder verändert sie, wird betroffene Seele ihre Aufgabe nicht erfüllen können. Lebt Verantwortung mit den ungeborenen Seelen in Eurer Welt. Gott liebt alle Wesen, auch jene, die fehlen. Freiwilligkeit ist das Geschenk und die Großzügigkeit des Herrn. Nehmt dieses Geschenk in Achtung und Ehrerbietung an, und schützet die Schöpfung ! Gott straft seine Kinder nicht, er führt sie nur auf den rechten Weg. Verstoßt Ihr gegen die Natur, so werdet Ihr gegen Euch selbst handeln. Dies ist dann nicht die Strafe Gottes, sondern das Ergebnis Eurer Fehlung.
So übt Einsicht jetzt und heute ! Und haltet aufrecht die Liebe und Hingabe zu Gott ! Denn er ist die unendliche Liebe und das Ziel allen Strebens. Ob Mensch, Tier oder Pflanze - greift nicht ein in deren Entwicklung, denn Gottes Werk ist nicht zu bessern.

Die Wirkung der Farbenergie ROSA bis hin zur Selbstheilung bei seelischen Konflikten

Die Seelen, die in Zwiespalt und Uneinigkeit sind, leben in Angst und Traurigkeit. Die Geburt einer jeden Seele ist in Freigang und die Entscheidung ihrer selbst. Doch in seltenen Fällen kommt es vor, daß eine Seele nicht Entscheidung findet, in welches Leben sie möchte, noch will sie überhaupt noch einmal wiedergeboren sein. Sie möchte verweilen in der Glückseligkeit und Gegenwart Gottes in ihrem Geist. Doch jede Seele hat zu spielen das Spiel Gottes, um zu lernen und zu erfahren, daß nichts größer und schöner ist, als die Einigkeit in Verschmelzung mit der Ewigkeit Gottes. So wehren sie sich gegen das Diesseits und gegen das Hiersein in jenem Euren Leben. Sie gehen in Angst und fühlen sich nicht geliebt. Weder von des Vaters Geist und Gerechtigkeit, noch von der Liebe der Mitseelen fühlen sie sich berührt. So gehen sie in Angst und versuchen zu fliehen aus ihrem Körper und sehnen sich nach dem Sterben und dem Gang in die feinstoffliche Welt. Durch diese unbewußte Lebenslast und -unlust weicht die Seele im Schlaf oder in Situationen der starken Emotionen aus dem Körper. Dies gelingt aber nur in Teilen, da sie nicht verlassen dürfen vorzeitig ihre Bestimmung. So machen sie Platz für Wesenheiten, die sie beeinflussen und ihnen ihre Angst und Gottesferne bestätigen. Wesen, die selbst nicht geläutert sind, manipulieren und ängstigen jene Seelen, um Platz zu finden in ihrem Körper. Dies ist nur durch die Gefühle des Nicht-Geliebtseins von Gott, dem Vater, möglich. Die Seelen zweifeln, da Gott sie in diese Welt geschickt hat, an seiner Liebe und seinem Licht. Diese Seelen sind arm und brauchen Eure und unsere

Hilfe. Sie verbannen die Bitte um Hilfe aus ihrem Herzen. So können wir ihnen nicht direkt zu Hilfe gehen. Redet mit jenen Menschen und bittet sie um Erlaubnis, für sie beten zu dürfen. Geben sie diese, so tut dies in Gottes Auftrag und in seiner Liebesgegenwart. Gott liebt alle seine Kinder und ist traurig um jede Seele, die seine Liebe bezweifelt. Denn Gott ist in allen und in jeder Seele. So gehet und sendet in Gebet und Meditation jenen Seelen die Farbe ROSA und somit die Energien und die Schwingungen von Gottes Liebe und Gegenwart.
Eine andere Ursache von Bewußtseinsstörungen sind die Energien und die Wandlungen der Schwingungen auf jener Eurer Erde. Durch hohe Schwingungsänderungen und Veränderungen in den Farbenergien und den Verlust an Wärme und Brüderlichkeit in Eurer Welt fühlen sie sich uneins und nicht von Euch und von Gott geliebt. Jenen Seelen ist ebenfalls zu helfen in der Farbenenergie ROSA. ROSA ist die Schwingung der Liebe. Das Wort LIEBE oder LOVE hat eine für Euch nicht erkennbare Kraft und Schwingung, die Erhellung und Erkenntnis um Gottes Nähe bringt. ROSA ist aus WEIß, der Farbe der Reinigung und der Leitfähigkeit der kosmischen Kraft, und aus der Farbe ROT. ROT ist für die Lebens- und Liebeskraft aller Seelen. So gibt es unendlich viele verschiedene Farben ROSA. Alleine das Wort ROSA schwingt voll Musik und Liebe und öffnet Euer Herz- und Stirnchakra.
Umhüllt jene Wesen in Gedanken mit den Schwingungen und Energien von Gottes Liebe und Wärme, so werden sie unterstützt und geführt, daß sie Erkennen finden durch und in der Liebe der Mitseelen und der Eigenliebe. Sie verlieren die Angst vor dem Leben und dem Hiersein und spüren die Wärme und Zuneigung Gottes in

ihren Herzen.
Umgebt die Seelen Eurer Familie, die unter solchen Erscheinungen leiden, mit ROSA-Licht-und Liebesschwingung. Nehmt eine Sprühflasche und leget in sie das ROSA-Quarz. Das Wasser wird die Schwingungen aufnehmen. Durch Besprühen der Luft in den Räumen wird die ROSA-Schwingung von jenen Personen unbewußt aufgenommen, und sie werden eingehüllt in Harmonie und Liebe.
Sollten Personen in Besetztheit durch Wesen sein, solltet Ihr in die Energien einer Gruppe gehen, die Licht- und Liebesarbeit anwendet. Sie schicken mit Hilfe der Erzengel jene Wesen aus dem Körper und lösen die Ängste mit den Strahlen der Farbenergien. Da aber jede Seele in Freiheit ihren Weg wählt, kann es sein, daß nach einiger Zeit die Seele den Weg des Besetztseins freiwillig sucht. So ist die Zeit des Freiseins oft kurz. Deshalb sollte man mit diesen Seelen regelmäßig besprechen und erinnern die Gottesgegenwart. Gehet mit jenen Seelen, die in Freiwilligkeit sich helfen lassen wollen, und schenkt ihnen die Zuwendung der Farbenergien und deren große Wirkung. Doch handelt nicht ohne die Einwilligung der Seele ! Befragt Euch und Eure Ansinnen um den Willen und das Einverständnis der Erzengel und Gottes. So könnt Ihr den Seelen nicht schaden und seid gewiß in Gottes Einverständnis.
Die Farbe ROSA ist für alle Seelen, die die Liebe und Gegenwart Gottes in ihre Herzen lassen wollen. Die Liebe Gottes, die sich ausdrückt durch Energie und der Farbe ROSA sei mit Euch und bestätige Euch in Eurem Tun.

Meditation über die Farbe ROSA

Dein Geist werde ruhig, und Du schließest die Augen.

Du atmest ruhig und tief, und Deine Gedanken kommen in Ruhe. Du bittest um Gottes Gegenwart und Anteilnahme an Deiner Meditation und in Deinem Versenken in der Gottesliebe.

Du atmest ruhig und legest Deine Hände in Deinen Schoß, mit den Handflächen nach oben.

Du bist bereit für die Empfängnis der Farbe ROSA.

Dein Haupt wird erhellt von den Fluten des ROSA-Lichtes. Du spürst die Energien von oben über Deinen Körper fließen und Dich umhüllen in einen sanften Mantel der Liebe.

Du spürst, wie der Nebel der Energie ROSA in Deine Gedanken dringt und Dir die Liebe und Wärme Gottes vermittelt.

Du spürst, wie die Farbe und das Licht ROSA vom Hinterkopf in Deinen Körper dringt,
durch Dich durchfließt.

Du spürst die Kraft und Wärme der Gottesliebe in Deine Seele und Deinen Körper fließen.

Dein Körper ist ein Meer aus ROSA-Flüssen, die durch Deinen Körper fließen und jede Zelle und jeden Winkel Deines Herzens berühren.

Du fühlst die Liebe Gottes, die Dein Herz erwärmt und spürst die Freude, die in Deiner Seele Ursprung findet. Ein Glücksgefühl durchströmt Dich.

Dein ganzer Körper leuchtet in der Göttlichkeit der Farbe ROSA.

Gib Dich hin und lasse Dich umhüllen von dem Licht und der Energie, und lasse Dein Herz und Deine Seele die Liebe und Gegenwart Gottes spüren.

Atme ein und aus, und Du spürst noch immer die Wärme und Geborgenheit des Lichtes. Wenn Du jetzt Deine Augen öffnest, wirst Du spüren, daß Gott in Dir und Deiner Seele ist.

Der Strahl ROSA des Lichtes und der Liebe Gottes hat Dich berührt und Dich gesegnet.

Empfinde Dankbarkeit und Ehrfurcht vor der Größe und Gnade Gottes und der Allgegenwart seiner Liebe.

Diese Meditation nutzet zum Wohle und zum Empfangen von Gottes Liebe und Gegenwart. So werdet Ihr Euer Bewußtsein erweitern und finden in die Liebe und die Göttlichkeit des Seins.
So werdet selig in der Gegenwart der Liebe Gottes und seiner unendlichen Zuneigung !

Die Farbenergien der Erzengel und ihre Festlegung in Systemen

Noch einmal wollen wir – erklärend und verdeutlichend – auf die Wichtigkeit der Farbenergien im Zusammenhang mit den Schwingungen der Erzengel eingehen. In Eurer heutigen Zeit existieren Theorien über Farben und deren Zugehörigkeit zu den Erzengeln und die Wirkung auf bestimmte Chakras. So ist es unsere Aufgabe auch hierbei, Licht in das Dunkel zu bringen und die Auffassungen zu erleuchten. Erzengel sind Wesen in sehr hohem Energiebereich, bestehend aus Licht und Schwingung. Diese Schwingung ist eine energetische, ähnlich Eurem als Magnetismus bekannten physikalischen Hintergrund. Doch Magnetismus oder Magnetfelder alleine sind es nicht, die ihre Zusammensetzung ausmachen. Die Schwingung ist göttlich und aufgeladen mit Energie und Licht der Kraft Gottes. Die Bedeutung des Lichtes ist hierbei zu erklären. Eure Annahme, daß ein Erzengel für nur eine Farbstrahlung zuständig oder verantwortlich ist, ist nicht richtig durchdacht. Licht besteht aus allen Spektralfarben und nicht nur aus einer. So findet Ihr schon in der Offenbarung des Johannes die Bedeutung beschrieben. Über den Erzengeln Gottes beschrieb er die Regenbogen über ihren Häuptern. Dies war gemeint mit Licht, denn Licht hat alle Farben in sich, nur für Euch nicht sofort erkennbar. Das bedeutet, daß jeder Erzengel jede Farbe in sich trägt und auch alle Farben als Energie weitergeben kann. Der Unterschied besteht hierin, daß die einzelnen Erzengel unterschiedliche Schwingungen und Energiefelder mit den Farben weiterleiten können. So haben sie auch unterschiedliche Namen. Dies ist für Euch schwer vorstellbar, denn diese Energien sind für Euch nicht sichtbar. Es verstanden die Theoretiker unter Euch nicht, daß nicht die Farbe alleine, sondern auch die energetische Schwingung ihres Magnetfeldes wichtig ist. So sind unterschiedliche Theorien in Eurer Zeit zugegen, in denen die Erzengel mit den Farben vereint und den Chakras des Menschen zugeordnet werden. Doch dies ist nicht logisch. So kann es sein, daß verschiedene Erzengel mit der gleichen Farbe verschiedene Chakras behandeln, da dies vonnöten ist, um den Menschen in seinem Leiden und seelischem Fortkommen zu unterstützen. So ist die Sichtbarkeit der Farben zum Zeitpunkt der Behandlung nur eine Momentaufnahme. Je nach Energiefeldern und Schwingungen auf dieser Eurer Erde sind die Farben inkonstant. So kann es sein, daß jahrelang ROT in ein bestimmtes Chakra fließt, und plötzlich durch äußere Einflüsse muß es in ein anderes. Es kann also falsch sein, immer nur eine Farbe in das Chakra zu geben, wofür sie nach Eurer veralteten Auffassung zuständig oder hilfreich ist. Es ist wichtig, daß Ihr bei der Arbeit mit Engeln und ihren Farben immer bedenkt, daß sich die Engelfarben ändern können. Doch die Energieschwingung und die Magnetfeldenergien ändern sich in der Erzengelqualität nur sehr selten. Versucht, diese Zusammenhänge zu verdeutlichen, wenn Ihr Euch vorstellt die Farbeneregien der Erzengel. Wichtig ist es, den Erzengeln freie Hand zu lassen in der Wahl der Farben, die richtig sind zum Zeitpunkt der Hilfsbedürftigkeit der Seele. Es sind zum Beispiel für den jetzigen Zeitpunkt die Farben der Erzengel anders als noch vor drei Jahren. Die aktuelle Zusammensetzung und Aktivierung der Farbenergien in diesem jetzigen Zeitraum findet Ihr in der nachfolgend beschriebenen Selbstheilungsmeditation. Wichtig und vordringlich sei noch ein Punkt in bezug auf die Farbenergien

im allgemeinen Gebrauch genannt. Es gibt viele Farbmethoden in dieser Eurer heutigen Zeit. Sie basieren auf schönen Theorien und festgelegten Farbeinsätzen in eingeschränkten Bereichen. Die Farbschwingung und energetische Wirkung bei jedem Menschen ist jedoch unterschiedlich. Wenn eine Seele eng mit den Erzengeln arbeitet oder nur mit einem bestimmten, so ist auch ihr magnetisches elektrisches Umfeld und ihre eigene Spannung anders. Sie schlüsselt die Farbe unterschiedlich in den Chakras auf. Es sei Euch empfohlen, die Farben immer neu und aktuell für nur maximal 2 Monate auszutesten. Dies kann durch mentale Tests oder Pendeln festgelegt werden. Hierbei sei auch immer, sofern man mit den Farben die Chakras energetisiert, die Reihenfolge und die Farbe für jedes Chakra individuell erpendelt. Auch gibt es Farbmethoden, die noch einer dringenden Überarbeitung bedürfen. Sind Farbstoffe in Flüssigkeiten gelöst, sind sie Schwingungsträger. Sofern sie dies sind, werden sie durch Licht aktiviert. Erwerbt Ihr eine solche Flasche oder ein solches Gefäß, dann solltet Ihr darauf achten, daß Ihr sie lichtgeschützt erstehen könnt. Sind die Schwingungen erst einmal aktiviert, so werden auch andere fremde oder vielleicht sogar negative Schwingungen aufgeladen, und jene übertragen sich mit der Benutzung der Flüssigkeiten. Eine Reinigung mit Wasser genügt nicht, um die magnetischen Schwingungen zu neutralisieren. So sollten jene Mittel immer lichtgeschützt verpackt werden, bis jede Seele sie für sich persönlich im privaten Umfeld verwenden kann.
Ebenso gefährlich sind Farbdeutungen und Annahmen von Formeln oder negativen Verbindungen. Das Zuordnen von negativen Zusammenhängen zu Farben ist nicht in Gottes Auftrag. Wie verstehen wir das ? Ordnet Ihr ein bestimm-

tes negatives Verhalten oder eine negative Blockade oder Lösungsproblematik einer Farbe zu, so verstoßt Ihr gegen Licht. Licht ist immer Helligkeit in Farbe. Negative Muster gehören nicht in diesen Bereich. So ist die ausschließliche positive Verbindung zu den Farben hochwirksam, die negative ebenfalls. Es werden unbewußt negative Schwingungen mit den Farben des ganzen Systems mitübertragen, wenn der Anwender sie durch Studium der Lehre des besagten Systems in sein Unbewußtes übertragen hat. Mit der Deutung der Farben und der Annahme von negativen Blockaden durch eine bestimmte Farbe wird die negative Blockade oftmals im Unbewußten auf den Menschen übertragen. Unterschätzt nicht das Unbewußte ! So könnt Ihr anderen Seelen schaden ohne Euer Wollen und Wissen. Macht Euch immer nur die positiven Aspekte der Farben bewußt und unbewußt! Außerdem stellet in Frage jegliches Schema der Farbanwendung. Die Funktion der Farbe ist veränderlich und sollte immer aktuell festgelegt werden. Dies sagen wir nicht, um zu richten, sondern um Anleitung zu geben ob dem richtigen Gebrauch des göttlichen Lichtes und seiner Farben. Wenn Ihr solche Flüssigkeiten verwendet, um Kristalle zu programmieren, so müßt Ihr für den neutralen Gebrauch garantieren und auf eine Weise vorgehen, die wir Euch bekanntgeben. Mit einem auf Reinigung programmierten Kristall können die Flaschen neutralisiert werden, wenn sie zusätzlich einem Magnetfeld ausgesetzt werden.

Geistige Aurareinigung mit kanalisierten Farbenergien

Es ist eine Zeit im Wandel, da die Menschenseelen auf Eurem Planeten werden finden immer mehr auf die Wege der Spiritualität. Viele Licht- und Liebesarbeitskreise wird es geben, denn auch diese Zeit ist bereits angebrochen. Die Lebensumstände und Situationen werden sich auf dieser Eurer Erde immer mehr verändern, und so seid Ihr gezwungen, Euch mehr mit der geistigen und mentalen Möglichkeit des Wirkens zu behelfen.

Eigentlich besinnt Ihr Euch nur auf die Instinkte Eurer Urväter, aber für Euch wird dies ein neuer Anfang eines neuen Zeitalters. Zu helfen und zu schützen ist dabei der Erzengel Aufgabe. So ist der Wandel in der rechten Zeit und eine Aufgabe, sich wieder mit Gottes Geist zu vereinigen. Denn dies habt Ihr durch die Technisierung und Modernisierung und durch die Geburt des Materialismus zum Götzenbild vergessen.

Es wird mehr und mehr Gruppen geben, die mit Hilfe der Erzengel und ihrer Helfer, so wie wir es sind, arbeiten und lichten. Immer mehr Erfahrungen und Erlebnisse werden Euch zeigen, wie wichtig das neue Bewußtsein für Euch ist. Ihr findet zurück zu Treue und Glauben und zu alten Werten. Dies ist ein langer Prozeß, denn Ihr habt Euch den Energien so sehr verschlossen, daß es ebenso lange dauert wie der Prozeß des Entfernens, um Euch den Farbenergien wieder näherzubringen.

Eine jede Seele von Euch hat die Möglichkeit, durch die Arbeit mit Licht und Liebe sein Bewußtsein zu erweitern und der Seele Flügel wachsen zu lassen. Die Zwiesprache mit Gott und die Arbeit mit den Farbenergien wird Euch öffnen und spüren lassen die Schönheit und die Reinheit

der Liebe Gottes. Bemüht Euch jeden Tag ein bißchen, so wird es Euch gelingen, Eure Seele wieder zu entfalten.
Die Förderung der Intuition ist der erste Schritt zu der Arbeit im mentalen Bereich. Durch die langsame Öffnung des Kanales wird die Seele immer stärker durch Vorahnungen oder intuitives Handeln geleitet oder geführt. Sie werden führen zu umfassendem Verständnis und der Bereitschaft, zu dienen in Gottes Auftrag.
Doch es wird auch einige geben, die diese Fähigkeiten nutzen, um Menschen in Not zu betrügen und an ihnen zu verdienen. Macht Eure Fähigkeiten nicht zum Basar der Leidenden, sondern geht in Gottes Liebe und Auftrag. Erfüllt Ihr in Demut seinen Dienst und gebet in Ehrfurcht Euer Ja zu Euren Bestimmungen, so wird er Euch versorgen mit dem, was Ihr benötigt, um Euer Leben fortzusetzen. Auch viele kleine Wünsche werden erfüllt, wenn Vertrauen und Demut die Ursachen Eures Handelns im Namen Gottes sind.
Es wird Menschen geben, die sich durch ihre gewonnene Sensibilität beeinflussen lassen werden in ihrem Tun von niederen Wesenheiten und Seelen. Urteilt nicht über jene ! Es ist nicht an uns und auch nicht an Euch, über solche zu richten, die da wandeln den falschen Weg. Sendet ihnen Liebe und Licht, und so können sie Euch nicht schaden. Hoffet und betet für sie in Liebe, so könnt Ihr ihnen helfen auf den rechten Weg. Wenn Ihr im Vertrauen auf Gott und seinen Erzengeln handelt, kann Euch niemand Böses tun auf dem Weg des mentalen oder spirituellen Handelns. Ihr seid im Schutz und unter der Obhut der Liebe und des Lichtes. Es wird die Spreu vom Weizen getrennt durch die Allgegenwart Gottes.
Seelen werden bald die Möglichkeit spüren, als Medium

Kontakt zu haben zu den Wesen. Dies wird immer häufiger zu beobachten sein und auch noch mehr werden im Kreise Eurer Menschenseelen. Die Arbeit in diesem Bereich ist mannigfach. Der Bereich der Seelenführung Verstorbener, der Liebes- und Lichtarbeit durch Farbenergien und die Rückführung in andere Leben oder Hellsichtigkeit in Zukunft und Vergangenheit sind die Formen dieser Arbeit. Generell sei zu beachten, daß Hypnose oder Rückführungen zu jenen Arbeiten zählen, die wir nicht verurteilen wollen und dürfen, die aber für die Seelen gefährlich in der Auswirkung sind. In nicht fachgerechter Hand können Seelen durch das Erkennen eines früheren Lebens in Zwiespalt geraten und einen Teil von sich in einem anderen Leben zurücklassen. Denn auch dort hatten sie Aufgaben und verwandte Seelen, die sie liebten und die sie nicht zurücklassen wollen. Oder sie erinnern sich an ihren Tod und wollen ihn verhindern, da sie nicht mehr wissen, ob er in diesem Leben ist oder ob sie ihn nur schauen wie ein Bild des Traumes. So raten wir Euch in Liebe, sehr vorsichtig mit diesen Wegen zu sein.
Anders dagegen ist die Arbeit, wenn Ihr Euch lediglich selbst zum Kanal macht und die Hilfe der Erzengel erbittet. Kontakt zu haben zu verstorbenen Seelen ist nicht immer von Vorteil, denn Ihr versteht zu wenig von den Aufgaben, die Euch damit gestellt sind. Manche Seelen möchten wieder in dieses Leben auf dieser Erde, um Aufgaben und Bestimmungen zu vollenden, aus denen sie schnell und ohne Vorwarnung genommen wurden. Sei es durch Mord oder Unfall – sie erkennen nicht den Sinn und die Bestimmung in ihrem Gehen. Doch manchmal ist es auch die Liebe zu den verwandten Seelen, die größer ist als die Sehnsucht nach Gott und seinen Vorhersehungen.

Diesen Seelen könnt Ihr helfen, die Liebe Gottes zu spüren und das Licht und die Liebe wiederzufinden. Eine andere sehr viel wichtigere Arbeit ist das Senden von hilflosen und nicht gelösten Seelen in die Allgegenwart Gottes. In Lichtkreisen werden Seelen, die Kanal sind, in der Lage sein, solche Wesen aus den Körpern lebender Menschenseelen zu freien und in die Liebe und das Licht zu senden. Hierbei sei unbedingt die Vielzahl der arbeitenden Seelen betont. Nur durch die erhöhte Energie vieler Seelen und die Zustimmung Gottes und seiner Erzengel wird es gelingen, diese Seelen zu erlösen vom Zwang, die Menschenkörper zu besetzen. Ob Wesen, die nur die Süchte der Menschen fördern, oder Durchsagen als Verstorbene geben, um die Menschenseele zu manipulieren oder andere niedere Wesen - sie müssen ins Licht geführt werden. Auch sie sind nicht zu richten, sondern zu lieben als Geschöpfe und Wesen Gottes. Die Helfer der Erzengel werden mit den Farbenergien ROSA und GRÜN die Seelen freien von den Wesen. Die Wesen werden in Liebe und Licht gehüllt und in die Arme Gottes geleitet. Dort werden sie Frieden finden und sich erlösen in Liebe und Gnade Gottes.

Die geistige Möglichkeit der Aurareinigung ist ein Weg, sich selbst zu vervollkommen und gleichzeitig die Menschen in ihrem seelischen und körperlichen Fortkommen zu unterstützen. In Gruppenarbeit kann mit den Energien der Farben die Aura und der Mentalkörper der Seelen gereinigt und befreit werden von Blockaden und Verfestigungen. Da dies in Gottes Auftrag und mit Hilfe der Erzengel geschieht, sei nicht extra betont, daß hierzu das Einverständnis Gottes vonnöten ist. In Licht- und Liebesarbeitsgruppen, die ein Medium besitzen, können jene in

Verbindung mit den Erzengeln agieren und reinigen. Die Gruppe ist hierbei nur der Kanal und wirkt anschließend weder entkräftet noch unausgeglichen. Ist es in Gottes Willen, so werden die Selbstheilungskräfte der Menschen aktiviert. Sehr hohe Energien werden hierbei freigesetzt. Wichtig hierbei ist, so sei ausdrücklich betont, daß die Energien nicht von der Gruppe oder dem Medium sind. Sie sind ausschließlich Kanal und dienen im Sinne Gottes. Mit folgenden Farben wird die Aurareinigung hauptsächlich in Zusammenspiel sein:

WEIß

Das Licht des Weiß strahlt in das WURZEL-CHAKRA und verkörpert die Reinigung, die Neutralisierung und Auferstehung im Willen Gottes. Für die Farbe WEIß sei der Erzengel Gabriel im Auftrage Gottes.

ORANGE

Das Licht des ORANGE strahlt in das HERZ- und das SOLAR-PLEXUS-CHAKRA. Zur Kräftigung, Selbstheilung und zum Fördern der göttlichen Zielsetzung im Auftrage Gottes. Für die Farbe ORANGE sei der Erzengel Raphael im Auftrage Gottes.

VIOLETT

Das Licht des VIOLETT strahlt in das SCHEITEL-CHAKRA und verkörpert die Wandlung und Transformation im Willen Gottes. Für die Farbe VIOLETT sei der Erzengel Zadekiel im Auftrage Gottes.

BLAU

Das Licht des BLAU strahlt in das HALS-CHAKRA und verkörpert die Intuition im Willen und Auftrage Gottes. Für die Farbe Blau sei der Erzengel Michael im Auftrage Gottes.

ROSA

Das Licht des ROSA strahlt in das HERZ-CHAKRA und verkörpert die Liebe Gottes. Der Erzengel Chamuel sei für die Farbe ROSA im Auftrage Gottes.

GELB oder GOLD

Das Licht des GELB strahlt in das KRONEN-CHAKRA und fördert die Erleuchtung im Willen Gottes. Für die Farbe GELB/GOLD sei der Erzengel Jophiel im Auftrage Gottes.

ROT

Das Licht des ROT strahlt in das SOLAR-PLEXUS-CHAKRA und verkörpert die Lebenskraft und die Gnade im Willen Gottes. Für die Farbe ROT sei der Erzengel Uriel im Auftrage Gottes.

GRÜN

Das Licht des GRÜN strahlt in das STIRN-CHAKRA und verkörpert die Weihung in die Energien der Farben und das Finden der Wahrheit im Auftrage Gottes. Für die Farbe GRÜN sei der Erzengel Raphael im Auftrage Gottes.

Diese sind nur einige der Farben, die geführet werden bei geistiger Aurareinigung.
So die Seelen sichtig sind, werden sie erkennen, welche Farben und welche Erzengel durch sie für die einzelnen Seelen wirken. Es sei noch einmal betont, daß jegliches Reinigen im mentalen oder spirituellen Bereich nicht ohne den Willen Gottes sei. Denn nur mit seinem Einverständnis gehen die Energien im Kanal in Wirkung und fördern die Selbstheilung und das Fortkommen der Seele auf geistigem Gebiet. Die Seelen, die Aurareinigung geben dürfen durch ihren Kanal, seien nicht stolz auf ihre Taten, denn es sind nur die Werke Gottes, die durch sie geleitet sind. Die Reinheit und die Demut werden jene Seelen bestimmen, die ihren Kanal zur Verfügung stellen dürfen. Mißbrauchen sie den Kanal zu materiellen oder egoistischen Ansinnen, verlieren sie den Kanal oder die Erlaubnis, leiten zu dürfen. Somit sind ihre Energien unwirksam.
So wird es geben auch Einzelpersonen, die eine erstaunliche Leitfähigkeit haben und die Farbenergien auch ohne eine Gruppe leiten dürfen. Jene mögen sich auch auf die vorgenannten Mahnungen besinnen, da sie sonst ihren Kanal nicht benutzen dürfen.
Sehet und verstehet die Wirkungen der Energien immer im Zusammenhang mit der Liebe und dem Licht

Gottes. Gott der Herr ist der Vater allen Seins, und er ist das Glück und die Seligkeit. In seiner Gnade und in seinem Erkennen und Bestimmen liegen die Wege der Seelen. Mögen manche Seelen betrübt sein, daß sie nicht gefreit werden durch Aktivierung der Selbstheilungskräfte, doch seien sie gewiß, daß Gott sie liebt und ihnen durch diese Krankheit die Gnade und der hohe Auftrag Gottes zuteil wird. Suchet Gottes Liebe in Euren Herzen, so werdet Ihr erkennen, daß auch Gesundung nicht kostbarer ist als das Verschmelzen der Seelen in Glückseligkeit im Reich Gottes. So leget Euer Sein in sein Wissen und seine Hände, und gehet, ihm zu dienen in Liebe und Demut.

Meditation über die Farbenergien der Selbstheilung

Dein Geist werde ruhig, und Du schließest die Augen.

Du atmest ruhig und tief, und Deine Gedanken sind ganz im Hier und Jetzt. Du bittest um Gottes Gegenwart und die Teilnahme der Erzengel an Deiner Meditation und in Deinem Versenken in der Selbstheilung.

Du atmest ruhig und tief und legest Deine Hände in Deinen Schoß, mit den Handflächen nach oben.

Du bist nun bereit für die Empfängnis der Energien und Farben der Erzengel.

Du spürest, wie Dein Haupt erhellt wird von den Strahlen der Farbenergien. Dein Haupt wird durchflutet von den Strahlen der Farben, und Du spürst sie durch Deinen ganzen Körper fließen.

Ein Strahl in tiefem VIOLETT strahlt direkt in Dein Kronen-Chakra. Ein zweiter Strahl in der Farbe GOLD berührt Dich und durchflutet Dich über das Kronen-Chakra.

Geöffnet und gelöst empfängst Du die Farben VIOLETT und GOLD.

Ein weiterer Strahl erleuchtet Deinen Körper und Deine Seele. ROSA durchflutet Dein Herz-Chakra, und Du spürst die Liebe Gottes in Deiner Gegenwart.

Ruhig und glücklich genießt Du die Strahlen der Farben und nimmst sie in Deine Seele und in Deinen Körper auf.

GRÜN strahlt nun in Dein Stirn-Chakra und weiht Dich in die Energien der Farbe und führt Dich auf den Weg der Wahrheitsfindung.

ROT strahlt in Dein Solar-Plexus-Chakra und ORANGE ebenfalls. Der Strahl der Selbstheilung und der Gnade Gottes durchflutet Dich.

BLAU erhellt nun Dein Hals-Chakra und fördert Deine Intuition und Deinen Willen im Auftrage Gottes.

WEISS strahlt in Dein Wurzel-Chakra und durchfließt reinigend Deinen Körper und trägt die Unreinheiten und Blockaden neutralisiert aus Deinem Körper.

Du läßt die Strahlen wie einen Strom in Dich und durch Dich fließen und spürst, wie Du Dich von Sekunde zu Sekunde gestärkt, gereinigt und geliebet fühlst.

Die Strahlen der Erzengel berühren Dich in Liebe und Freude über Deine Bitte um Hilfe und Gesundheit und dem Finden zu Gott.

Die Liebe Gottes ist jetzt in Dir und erfüllt Dich mit Frieden und Glückseligkeit.

Nach und nach verabschieden sich die Erzengel, und Du spürst nur noch die Farbe ROSA. Sie durchdringt Deine Seele und bestärkt Dich in tiefer Liebe zu Gott.

Nachdem nun alle Farbstrahlen Deinen Körper durchleuchtet haben, schließen die Engel den Energiekreis ab und segnen Deine Wege und Deine Seele.

Du bist gesegnet durch Gott und seine Liebe.

Wenn Du jetzt einatmest, spürst Du deutlich die Flamme und das Licht der Gegenwart Gottes in Dir und bist glücklich.

Empfinde Dankbarkeit und Ehrfurcht vor der Größe und Gnade Gottes und der Allgegenwart seiner Liebe.

Diese Meditation nutzet Euch zum Wohle und zum Empfangen von Gottes Willen, Gnade, Freude und aufrichtiger Liebe. Ihr könnt Euer Bewußtsein zur Selbstheilung erweitern und finden in die Liebe und Lichtheit der Göttlichkeit des Seins. Werdet selig in der Gegenwart Gottes und seiner Liebe und seiner unendlichen Gnade.

Die Weltkarte mit der Pyramide der Heiligen

In dieser Eurer Welt gibt es Schwingungen und Energien, die sich jenseits Eures globalen oder räumlichen Verständnisses befinden. Dazu sind zu nennen die Verhältnisse der Dimensionen und die Nicht-Erkennbarkeit für Euer Auge. So Ihr wißt, daß Energien nicht sichtbar sind, so spüret Ihr sie doch und gehet in diesem Punkt den ersten Schritt zum Verstehen der Ganzheit der Dimensionen. Es gibt Gebäude und Gebilde, für Euch nicht räumlich auf diese Eure Erde übertragbar, jedoch in Eurer Welt trotzdem existent. Sie sind durch Energie und Geist erschaffen und, unsichtbar für Euch, von großer Bedeutung.
Es befindet sich auf dieser Eurer Erde eine Pyramide, die wir die Pyramide der Heiligen nennen, da sie entstanden und getragen ist von den Kräften der Heiligen und Meister. Jene Pyramide der Heiligen ergibt sich durch die Verbindung der Orte Kairo, Istanbul, Damaskus, Bagdad/Babylon, Mekkah und Jerusalem. Sie ist nicht zu berechnen in Höhen und Maßen. Sie ist existent für Euer Auge, wenn Ihr Verbindung bildet auf einer Landkarte zwischen den Orten auf nachstehende Weise. So ist sie Geist und für Euch mit Logik und Verstand des Raumes und Höhenmaßes nicht erkennbar. Geist ist Existenz. An all jenen Orten sind die Energien der begrabenen Heiligen oder die Energien der Geistesgegenwart der Meister an ihren Lebensplätzen die Ursache und Wirkung der spirituellen Kraft und Heiligkeit jener Pyramide.

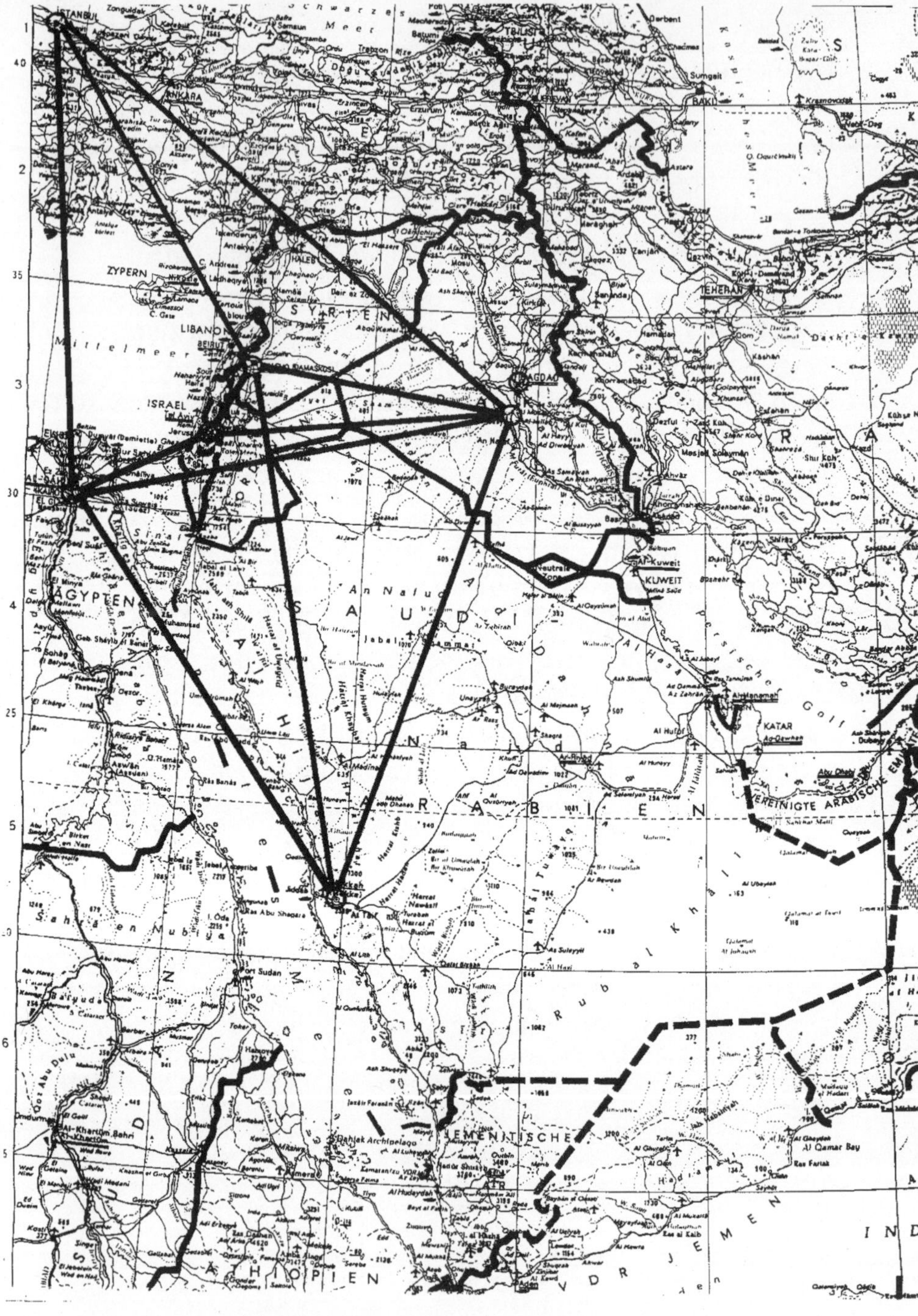

Weltkarte mit der Pyramide der Heiligen

Die Farbenergien der Meister und ihre Beständigkeit/ Energien der Pyramide der Heiligen

Die Seelen, die erleuchtet sind auf ihrem Weg zu Gott, sind die Weisen und Heiligen der Universen. Erleuchtet und begnadet sehen und verstehen sie zu Lebzeiten die Gesetze und Bestimmungen Gottes. Sie sind erfüllt von Liebe und brennen in Hingabe in der Einigkeit mit Gott. Sie sind die Erleuchteten der lebenden Menschen und werden glückselig im Leben und unsterblich im Tod.
Die Heiligen der Religionen sind Seelen, die voll Reinheit und Weisheit um Gottes Wege wissen und davon künden. Sie tragen in sich die Schwingung der Liebe und des Verstehens in Gott, dem Schöpfer allen Seins. Sie haben in sich die Flamme der ewigen Liebe und Weisheit im Geist gezündet und ihr Leben auf ewig vollendet, um zu verschmelzen in ewiger Freude und Glückseligkeit. Jene Meister haben schon zu Lebzeiten ein sehr hohes Feld an Energien und Farben in ihren Herzen und Verstand. Die lodernde Flamme der Liebe und des Verständnisses trägt ihre Farben durch das Antlitz jener Heiligen und läßt es leuchten. So sprach man in alten Zeiten vom Heiligenschein. Er ist nichts anderes als der Begriff für das Leuchten der Liebe aus dem Herzen der Seelen.
So sind jene Seelen durch ihre große Liebe und ihren Willen, Gottes Dienst zu tun, auch fähig, mit großer Kraft Wunder zu tun im Namen Gottes. Die Gnade der Seelen, nur im Namen Gottes Wunder zu tun, ist unerschöpflich. Doch nur wer rein im Herzen ist, ist der Wunder wert, die Gott durch seine Energien sendet.
Wandelten jene Heiligen aller Religionen auf den Füßen des für damalige Zeit Mystischen oder Unverständlichen,

so fanden sich viele Feinde, die jene Wunder als Teufelswerk oder als Bedrohung empfanden. Doch was bedeuten die Meister und Heiligen für diese Eure Zeit? Die Energien der Liebe aller Meister sind für alle Zeit in und um den Plätzen versammelt, auf denen sie zu Lebzeiten wandelten. Sie sind tätig in den Herzen jener, die ihren Meister nicht vergessen haben, denn sie sind Geist. Sie sind für ewig in Liebe und eins mit den Heerscharen der Erzengel, zu sorgen und zu helfen den Menschenseelen auf ihren Wegen. Wenn sie die Dienste in den Heerscharen der Engel gut verrichtet haben, so sind sie in der Lage, noch höher zu steigen in den Energien. Doch manche Meister sind schon so hoch wie das Höchste der Energien, da sie sich zu Lebzeiten geopfert haben für die Menschenseelen in ihrem Fortkommen. Doch in Wahrheit sind wir alle eins. Wir sind eins in der Energie Gottes. Die Energien der Meister sind noch an dem Platz, da sie wandelten und wirkten genauso wie die Energien aller Wesen noch an jenen Orten verweilen, an denen sie wirkten. Doch die Stärke der Liebe von Erleuchteten ist noch Jahrtausende nach ihrem feststofflichen Gehen wirksam. So sind es Pilgerreisen auf den Pfaden Jesus Christus', die Heilung bringen können jenen, die darum bitten und erhört werden von Gottes Willen. Dies geschieht, da die Kräfte der Liebe an jenen Orten noch wirksam sind. So geht es mit vielen Heiligen und ihren Lebensplätzen.

Doch auch dies kann Schwingungen der Störung hervorrufen. Siehe zum Beispiel Euer Heiliges Jerusalem. Ein Ort, voll der Schwingung und Energie der Nächstenliebe und Aufopferungen durch die Fußtritte Jesus Christus! Doch auch Mohammed fand an jenem heiligen Berg seine Fahrt in den Himmel. Die Menschenseele in ihrem Unverständnis begreift nicht, daß an Jerusalems Füßen das Tor zur Ewigkeit liegt, da sich dort der heiligste Kreuzungspunkt der Energien befindet. Mit dem Einfallen der Kräfte durch die Pyramide der Heiligen fallen Energien und die Farben der Göttlichkeit in die Heilige Stadt. Schon in der Bibel, in den Suren des Koran und auch in der Thora findet Ihr die Umschreibungen für die Kräfte der Farben und die Schwingungen der heiligen Orte. Schon in der Offenbarung des Johannes findet Ihr von den Farben des Thrones Gottes und den Regenbogenfarben um seinen Thron und über den Köpfen seiner Engel geschrieben. Nichts geringeres als das Licht der Erzengel und die Farbenergien der Heerscharen der Erzengel sind darin zu verstehen. Mit den sieben Geistern Gottes sind die sieben Chakren des menschlichen Körpers zu vernehmen und mit den Fackeln das Leuchten ihrer Farben in Euren Herzen. Die Gestalten, mit den Augen inwendig und außenseitig, sind als die allwissenden Augen in Eurer Seele zu verstehen. Sie sind vierfach, da sie die Sinne des Menschen umschreiben. Wenn Ihr Gott höret, sehet und sprechet, werdet Ihr eins mit ihm und werdet lobpreisen seinen Namen als heilig. Der vierte Sinn ist Euer drittes Auge, zu sehen Gott inwendig in Euch. Wir sind zu helfen Euch in der Not und in der Zeit der inneren und äußeren Unruhe. So ist dieses Gebiet der Energien in und um die Bauten und Sagen Israels, Ägyptens, Babyloniens, Mekkahs, Damaskus und dem Byzanz zu Zeiten vor der Geburt Christi ein wichtiges.

Stadtansicht Jerusalem

Felsendom

Bethlehem, Jesu Geburtsstätte

Jerusalem, Via Dolorosa

Jerusalem, Golgotha (Ausschnitt)

Jerusalem, Jesu Grab

Ihr sollt verstehen, daß diese Städte in allen Epochen wichtige waren und Kräfte freigesetzt wurden durch den bewußten Bau der Heiligtümer in dreifachem Sinne. So wußten die Menschen vor Eurer Zeit viel mehr um Schwingungen, Energien und auch Dimensionen. Sie wußten darum, weil sie zu anderen Dimensionen Kontakt und innere Verbindung hatten. Sie verbesserten ihr Wissen zum Nutzen der positiven Energien. Doch mit dem Aufkommen des Handels zwischen den heiligen Orten verschlossen sich die Menschen den Energien und ihren inneren Reisen in andere Welten. So zählten nicht mehr die Energien Gottes, sondern die Reichtümer und Werte, die man tauschte und gegen Münzen verhandelte. Damit begonnen haben die zu damaliger Zeit Babylonier genannten Völker. Dies ist von sehr großer Bedeutung für die Energien und Farben auf der ganzen Erde.

Heutzutage wißt Ihr genug über die Kräfte von Dreiecken und Pyramiden. Sie leiten die Kräfte auf göttliche Weise und bringen Heilung und Kraft. Dies nutzten die Menschen im Wissen um die Gesetze des Kosmos. Sie wußten auch um die Kreisgestalt der Erde. Stellt Ihr ein Dreieck in einen Kreis oder räumlich eine Pyramide in eine Kugel, so habt Ihr allgegenwärtig geschönt und gestärkt die Kräfte der Kugel und erhöht das Potential der Kräfte der Pyramide. Ihr wißt, daß die Energien, die in einer Pyramide durch die Spitze fallen, stark sind, wenn sie auf die Erde treffen. Überall auf der Erde findet Ihr diese Pyramiden, jedoch für Euch nicht sichtbar, als Gebäude. Dieses Wissen um die Kraft der Pyramide und das hohe geistige Wissen um die Universen und die Dimensionen war über Eure Erde weit verteilt. So bauten voneinander unabhängige Kulturen Pyramiden mit den Kräften der Energien des Kosmos und der

Dimensionen. So konnten die Ägypter dergleich nur mit der Kraft der Pyramide der Heiligen ihre gigantischen feststofflichen Pyramiden erbauen. Dieses Wissen ist mit dem Handel und dem Sündenfall, wie es in der Bibel beschrieben steht, verlorengegangen.
Um die Energien der Pyramiden Ägyptens und Babylons rankt sich noch viel größeres Geheimnis und Wissen, dessen Ihr nicht mehr in Erinnerung seid. Die Pyramide der Heiligen, die sich bildet durch die Orte der Heiligen, ist die heiligste und göttlichste der Erde. Die Schwingungen der Energien der Meister haben sie erhoben zu der Kraft und der Stärke, die diese Eure Erde zerstören könnte. Dies sind geistige Gesetze, denn die Energien der Meister halten sich über Jahrtausende, und durch die Pyramide verlieren sie sich nie!
Durch das Vergessen um diese Kräfte und den Blutrausch der Völker um Besitz und Macht ist die Spitze der Pyramide nicht mehr rein. Der Turm, den man zu Babel sah, war die gewaltigste Lichtsäule in den Kosmos, welche die Pyramide in Babel traf. So sahen sie einen Turm, der in den Himmel reichte und der die Sterne berührte. So fand man nie die Reste eines Gebäudes, denn der Turm war die Säule des regenbogenfarbenen und hellweiß leuchtenden Lichtes der kosmischen Energie. Durch die Erblindung der Menschen im Inneren sehen sie die Säule nicht mehr, und die Energie ist getrübt durch die Kriege und Unruhen. So trifft die Energie immer noch auf Babel, doch sie wird in Unruhe verstärkt auf Jerusalem geworfen. Ist Unruhe in Babel, so wird auch Jerusalem der Unruhe sein. So versuchten die Juden mit dem Stern Juda oder Davids die Kräfte der Pyramide von sich zu halten, doch das Wissen um die Kräfte war ihnen verloren. So wird erst wieder Ruhe und Frieden

in Jerusalem sein, wenn Babel zu seinen Werten der Göttlichkeit findet. Nicht Haß, Blutrausch oder Mord führen zu Gott. Nur Frieden zu Babel und der Wille, Gott zu dienen in Nächstenliebe und im Friedenswillen, bringt der Welt den Frieden. Doch diese Eure Menschenseelen wollen nicht wissen von den Gesetzen des Kosmos. Zu lange in Vergessenheit und im Geheimen liegen diese Wissenschaften. So sah Johannes den Untergang dieser Eurer Welt als Zorn Gottes über Eure Unwissenheit und die Ernennung des Geldes zu Eurem Götzenbild.
Wir, Ihr Lieben, wollen Euch nicht schrecken und nicht bringen, zu fürchten Euer Ende. Es ist in Eurer Hand, zu geben die Energien in die Pyramide der heiligen Kraft Gottes und zu senden den Frieden in die Welt. Euer Ansinnen soll sein: Frieden in der Welt! Verbreitet und lehret die Kunde um die Pyramide der heiligen Kraft, und bildet so viele Menschenketten und Kreise wie möglich, um zu wandeln die Energien des Schlechten in und um Babylon, dem jetzigen Bagdad. Das, was Johannes sah als Bedrohung der Welt, seid Ihr nun in der Lage, zu verstehen. Denn es gibt Waffen in Euer Zeit, die nicht nur Eure Erde, sondern auch die Kräfte der Dimensionen ins Wanken bringen. So in Babylon, Byzanz, Mekkah, Kairo, Damaskus Frieden ist, so sind die Energien geläutert, und Frieden wird fallen in die neue Welt. Er wird in Jerusalem beginnen und verändern Eure Erde. So ist es das Tor zur neuen Welt. So wird Frieden sein auf der Erde, und ein neues Zeitalter beginnt.
Ihr seid frei in Euren Entscheidungen ! So liegt es an Euch, zu senden die Energien nach Babel und zu ändern die Welt. Doch genügend Seelen zu finden, die da arbeiten auf diesem Weg, wird für Euch schwierig. Denn auch hier

müssen die Seelen in Freiheit folgen und aus ihren Herzen die Energien senden in die Pyramide des Lebens. So muß nicht sein die Zerstörung Babels und die Vernichtung der Erde durch Schwingungen und Energien. Doch beachtet, die Zeit der Umweltzerstörung hat begonnen! Und Gott sprach „Der Himmel wird zusammenfallen wie ein Buch" - so ist Euer Problem um das Ozon erkannt! Die Wälder verbrennen, Fluten haben begonnen, und die Menschen gehen immer weniger in Freude und Liebe. Erkennet unseren und Euren Auftrag, zu senden Liebe und Energie in die Welt und zu wecken das Verständnis um Gottes Wege und die Erkenntnisse der Energien. So genug Energien in die Pyramide gesendet werden, wird das Bewußtsein der Menschen geändert sein, und die Energien der Welt werden sich harmonisieren.
So gehen wir an Eurer Seite, um Euer Bewußtsein für diese Dinge zu öffnen und Euch Erleuchtung zu bringen in diesem Wissen.
Gehet, verkündet und überzeuget die Seelen von der Gegenwart Gottes, der Erzengel und ihrer Farbenergien, und überzeuget Gott damit von Eurer Liebe. So wird in Euren Herzen und in der Welt die Liebe Gottes und der Frieden der Energien sein. Die Energien der Meister kommen in Einklang, und es werden viele Meister sein unter Euch und Erleuchtung in Euren Seelen.

Der Energiekreis der Meister- und Erzengel-Energien zur Stabilisierung des Weltfriedens durch die Pyramide der Heiligen

So versteht Ihr nun durch das vorangegangene Gesagte die Einzelteile der Botschaft. Zusammengefügt ergibt sie den Sinn und die Wahrheit. Ihr wißt nun um die Wichtigkeit der Farbenergien in allen Lebensbereichen. Um so wichtiger ist es, der Welt durch die Energien der Pyramide der Heiligen die Farbstrahlen zu senden, um sie zu harmonisieren und den Frieden zu stiften für die Erde.
So vernehmt Ihr neuerlich Unruhe und Stärke in Bagdad und Jerusalem. Die Ursachen und Wirkungen haben wir genannt. Gleichzeitig ist zu erkennen der Verfall der Moral der Welt und die zunehmende Freudlosigkeit der Menschen. Es ist wichtig, Liebe und Farbe zu senden in die Flamme des Turmes Babylon. Die Versammlung der Energien in Bagdad oder Babylon muß gereinigt und erleuchtet werden. Wie Ihr gesehen habt, verstärken sich die Schwingungen von Tag zu Tag, und in der Welt wirken immer mehr Katastrophen. Der Anführer der Heere in Bagdad ist siegessicher und erprobt seine Macht. Doch wird er nicht eher ruhen, bis sein Größenwahn bestätigt und er den Krieg beginnen kann, zu vernichten die Völker der Erde. So wird ein Ruhigstellen durch kleine Militäraktionen nicht den Lauf der Zerstörung aufhalten. Wo Krieg mit Krieg beantwortet ist, entsteht nur noch größere Energiespannung. Und diese wird fallen auf das leidgeprüfte Jerusalem. So trauert Ihr um einen israelischen Boten des Friedens, und die Welt ergießt sich in den Tränen der Fluten. Ihr könnt alle helfen und die Lichstrahlen senden in diese Eure Erde. Die Farben der Erzengel fließen ein in die Pyramide, und das helle Licht

Gottes trägt sie. So müßt Ihr künden von der Botschaft des Friedens und tätig werden in Eurem Alltag. Nur Liebe kann die Schwingung des Krieges wandeln. Nur der Farbstrahl ROSA kann die Liebe in die Herzen der Unverständigen tragen und sie freigängig zur Überzeugung bringen. Wenn ihr Euch und Eure Nächsten liebet und Ihr die Freude in Euren Herzen sät, wird die Welt den Frieden finden. Das neue Bewußtsein wird getragen in Glück und Harmonie. Christen, Moslems, Juden und alle Religionen dieser Eurer Welt werden gemeinsam beten und anrufen den Herren in Liebe und im Wissen um seine Heiligkeit. Leset die Offenbarung des Johannes und verstehet die Bedeutung der Worte und ihre Mahnung!
Die Liebe Gottes ist unerschöpflich, und eine jede Seele von Euch kann dem Herren dienen und ihm lobsingen im Namen der Liebe und der Heilung. Ihr findet hierin einen Auftrag, zu erschaffen Licht in den Kreisen der Energien. Ihr möget Euch versammeln so oft wie möglich und bilden einen Kreis, so groß wie möglich. Ihr seid nun das Bild Eurer Erde. In den Kreis stellt Euch eine Pyramide, und in sie gebt Eure Kraft ! Bittet die Erzengel um Hilfe, und erflehet Gott um seine Gnade und um die Erlaubnis, zu retten den Frieden der Welt.
Schließet die Augen und setzt Euch im Kreis. Entzündet Weihrauch und opfert ihn der Pyramide als Sinnbild für die Reinigung und zum Dank für der Engel Hilfe. Versenket Euch in Meditation, begleitet durch Musik.

Meditation für den Weltfrieden

Wir, die Helfer des Erzengels Raphael, begrüßen Euch und danken Euch für die Teilnahme an der Sendung des Friedenslichtes in die Welt. Zentrum Eurer Meditation ist der Nahe Osten. Im Mittelpunkt steht die Pyramide der Heiligen. Mit ihrer Spitze in Bagdad finden wir das Zentrum der Energien, die wir reinigen und erhellen wollen. Vergegenwärtigt Euch die Pyramide und ihre Auswirkungen, und macht Euch bereit für den Fluß der Energien. So jemand nicht in Freiwilligkeit an dieser Meditation teilnimmt, möge er sich in Frieden und Liebe erheben und im freien Willen seiner Wege gehen. Jene Seelen, die in Freiwilligkeit die Liebe Gottes senden wollen in die Welt, sind nun Kanal für die Reinigung.

Dein Geist werde ruhig, und Du schließt die Augen. Du atmest ruhig und tief, und Deine Gedanken konzentrieren sich nur noch auf die Pyramide in der Mitte Eures Kreises.

Du atmest ruhig und legst die Hände in Deinen Schoß, mit den Handflächen nach oben.

Du stellst Dir nun vor, daß der Kreis, den Ihr gebildet habt, die Erde umspannt. Der Kreis ist die Erde.

Zu Deinen Füßen siehst Du die Heilige Pyramide, und Du spürst den kosmischen Strahl des Lichtes, der in ihre Spitze taucht.

Tiefes weißes Licht strahlt aus dem Kosmos in die Pyramide.

Du bittest nun im Stillen um die Hilfe der Erzengel. Sie mögen senden ihr Licht und ihre Farben in die Pyramide.

Noch einmal bittest Du die Erzengel um Hilfe und bittest sie in Gottes Namen um die Farbenergien des Lichtes und bittest sie, ihre Strahlen in die Pyramide der Heiligen zu richten.

Du nimmst nun wahr, wie die Farben des Regenbogens in die Pyramide fallen. Ein himmlischer, farbiger und leuchtender Regenbogenstrahl trifft auf die Spitze der Pyramide.

Du bittest die Heiligen aller Religionen um die Gegenwart ihrer Energien.

Du verneigst Dich vor ihnen und ihrer Glückseligkeit und ihrer grenzenlosen Liebe.

Du bittest sie darum, ihre Energien und ihre Liebe in die Spitze der Pyramide der Heiligen zu senden.

In diesem Moment spürst Du die Wärme und Kraft der Liebe Gottes in Deinem Herzen. Du spürst die Gegenwart der Erzengel und der Heiligen in Liebe um Dich. In ihnen spürst Du Gottes Gegenwart.

Himmlischer Vater ! Schenke uns und allen Menschen dieser Erde den Frieden ! Schenke allen Wesen der Universen Liebe und Frieden. Wenn es Dein Wille ist, oh Herr, so berühre uns mit den Füßen Deiner

Gegenwart und verleihe uns Frieden !
Amen.

Ein wunderbares Gefühl der Liebe und des Friedens durchleuchtet nun Deine Seele.

Dein Herz ist berührt von der Liebe Gottes und seiner leuchtenden Gegenwart.

Du bist erfüllt mit Freude und spürst um Dich das rosa Licht der Liebe.

Der Kreis, in dem Du Dich befindest, leuchtet in der reinen Farbe der Gottesgegenwart und seiner Liebe.

Du spürst, wie die Strahlen der Liebe und Gottesgegenwart in die Pyramide fallen.

Sie treffen auf Babylon und verbreiten und verkünden die Liebe der Menschen und Gottes Gegenwart.

Du bittest erneut, daß mit dem Licht der Liebe der Welt Frieden zugetragen wird. Frieden für alle Wesen und Seelen auf der Erde !

Dein ganzer Körper leuchtet in der Göttlichkeit der Farbe ROSA.

Gib Dich hin und lasse Dich umhüllen von dem Licht
und der Energie der Liebe und des Weltfriedens.

Die Strahlen der Erzengel haben Dich berührt und
gesegnet. Die Energien der Heiligen und Meister
haben Dich erleuchtet.

Öffne nun die Augen und erhebe Dich. Nehmet
Euch alle bei den Händen und sprecht:

Frieden

Om

Amen

Verweilet und lasset die Energien in Euch dringen
und Euch durchfluten mit Glückseligkeit.
So werdet selig in der Gegenwart der Liebe Gottes,
und Frieden sei in Euren Herzen.

Shalom

Sendet Ihr diese Meditation in die Welt und sorget dafür, daß sie ausgeführt wird von vielen Menschen und ihren Kindern, so wird sein ein Großes getan für den Frieden der Erde und in den Universen. Verbreitet das Symbol der Pyramide der Heiligen, und verkündet das Heil ihrer Schwingung, und Ihr werdet Freude und Harmonie im Leben und in Euren Herzen finden. Die Erzengel und die

Meister aller Religionen sind beauftragt, stetig die Energien in die Pyramide zu senden. Wenn Ihr das Symbol der Pyramide der Heiligen bei Euch tragt und Ihr in Euren Herzen die Flamme der Liebe entzündet, so wird immer mehr Freude, Frieden und Gesundheit in Eurer Welt sein.

Die Erzengel und die Heiligen werden nicht aufhören, in Eure symbolische Pyramide und in die Pyramide der Heiligen die Strahlen der Farbenergien zu senden.
So wird Gott sehen, daß Ihr ihn liebt. Und er wird auf Euch schauen und Euch mit seiner göttlichen Gegenwart beschenken.
Gott ist Liebe, Licht und Wahrheit. Gott ist der Heilige Geist, und der Geist ist das ewige Sein.
So Ihr Münder habt, zu reden, so kündiget über die Heiligkeit seiner Gegenwart und von der Heiligkeit des Seins. Es wird Frieden sein in Euch, und das Tor zur neuen Welt wird sein in Euren Herzen.

Atlantis - die Botschaft der Liebe Gottes aus einer anderen Dimension

Die Menschenseele in ihrem Entwicklungsstand hat es schwer, zu verstehen um die Existenz vieler Dimensionen. Ebenso ist es mit dem Verhalten von Raum und Zeit. Nur wenige, besonders weit entwickelte Seelen von überragender Intelligenz haben erkannt, daß Raum und Zeit nicht existent sind. So waren in Eurer Vergangenheit viele bereicherte Intelligenzen, wie Einstein, davon in Kenntnis, daß Raum und Zeit nicht in der Form Existenz finden, wie Ihr sie von Verstand und Wissen erfassen könnt. Wenn Ihr das Leuchten eines Sternes am Himmel sehet und wißt, daß er noch Lichtjahre nach irdischer Rechnung von Euch entfernt existent ist, so habt Ihr nicht bedacht, daß dieser Stern zum Moment, da Ihr seinen Lichtschein sehet, nicht Gegenwart ist, sondern schon Millionen von Jahren nicht mehr da ist. So Ihr Euch in der Gegenwart in einem Raumschiff aufmachen würdet, so läge der Stern in Eurer Zukunft, da Ihr in Millionen von Lichtjahren Euer Ankommen seht. Dabei ist der Stern schon seit Millionen von Jahren im Augenblick des Betrachtens des Lichtes seiner Reflexion Vergangenheit. So ist alles nur wichtig im Hier und Jetzt. Doch unsere Aufgabe als Helfer des Erzengels Raphael soll nicht sein die Wissenschaft und Eure Entwicklung der Intelligenz.

Nehmt die Tatsache, daß Gott in allem existent ist, im Hier und Jetzt, in der Zukunft und in der Vergangenheit. Kosmische Energie ist zeitlos und unbegrenzt. Es ist auch möglich, sich mit der kosmischen Energie durch Raum und Zeit sprunghaft zu bewegen. Ihr könnt sein in allen Räumen und Zeiten zur Gegenwart des Augenblicks. Diese

Stationen der Welten im Augenblick sind die Universen und ihre Planeten. Unsere Aufgabe liegt hierbei, Euch das Verstehen in Gottes Gegenwart und Liebe zum Erkennen zu bringen.
Es gibt der Seelen unendlich genau wie es unendlich viele der Universen und Welten gibt in für Euch nicht sichtbaren Dimensionen. Doch alle sind sie Geist, der Geist und die Materie der Seelen, die ihre Lernaufgaben und Prüfungen um Gottes Liebe und Gegenwart erfüllen wollen. Der Entwicklungsgang und die Erkenntnisse der Seelen in allen Dimensionen sind unterschiedlich. Zu Eurem Verstehen sehet Ihr in Eurer Welt auch die unterschiedliche Qualität der Seelen. Es sind die Seelen im Tierreich, im Pflanzenreich niedriger entwickelt als die der Menschen. Doch seid Ihr mit ihnen eins, denn auch Ihr wart einmal in Eurer Entwicklung auf niederem Niveau und habt Euch weiterentwickelt. So Ihr den Seelen in der Tier- und Pflanzenwelt schadet, so schadet Ihr doch gleichzeitig Euch selbst. Denn jene Seelen sind auch ein Teil Eures Werdegangs.
Wenn Ihr verstanden habt, daß die Seelen aller Universen im Auftrage Gottes und seiner Energien stehen, so müßt Ihr auch die Unendlichkeit der Seelen und ihrer Entwicklung erkennen. Denn alle Seelen sind Energie. So die Seelen hoch genug entwickelt sind in Gottes Willen und Plan, so sind sie in der Lage, zu nutzen die göttliche Kraft und kosmische Energie durch alle Dimensionen und Zeiten. So ihr Entwicklungsgang hoch genug und ihre Gottesliebe höher und tiefer ist als Eure menschliche Entwicklung, so scheint es nun selbstverständlich, daß jene in anderen Dimensionen existent sind. Sie besitzen höhere Energie und reineres Wissen um die kosmischen Gesetze. Sie leben tiefer und inniger mit den kosmischen Kräften und dem Verstehen

der Dimensionen und ihrer Zusammenhänge. So vermögen sie auch, zu springen zwischen den Dimensionen, um göttlichen Auftrag zu tun. Es waren einige Seelen aus einer anderen Dimension in der Euren zugegen, als sie feststellten um die grenzenlosen Möglichkeiten im Sprung durch Räume und Zeiten.

Sie waren eins im Geist mit den kosmischen Energien und froh um die neuen Erkenntnisse ihrer eigenen Welt in ihrer eigenen Dimension. Als sie Euch besuchten in vergangenen Tagen, erkannten sie den Entwicklungsstand der menschlichen Seele und den Neigungen nach Herrsucht und Gier nach Gold und Werten. Sie waren in Seligkeit mit Gottes Energie vereint und glaubten, in Gottes Auftrag der Menschenseele in ihrem göttlichen Entwicklungsgang helfen zu können. Sie suchten den Menschen die Kraft der göttlichen Energie zu vermitteln und somit die Nutzlosigkeit der Sucht nach Besitz und Macht. Sie gingen zu Rate und suchten zu finden einen Weg, den Menschen die Erkenntnisse Gottes zu überbringen als Botschafter des Friedens und der Liebe. Doch sie wollten vorsichtig sein, da sie nicht Haß und Zorn unter den Menschen säen wollten. Jene lichten Wesen schufen in dem Meere, das Ihr Atlantik nennt, eine Station aus den kosmischen Energien, die wie ein Kontinent wirkte, um Euch von dort die Botschaft der Liebe zu überbringen. Sie suchten den Kontakt zu den Menschenseelen, indem sie ihre Gestalt annahmen und sie baten, mit ihnen in Gemeinschaft auf diesem Kontinent zu leben. Wären sie den Menschen als Energien oder feinstoffliche Materie begegnet, hätten jene sie für Götter gehalten. Doch dann hätten sie nicht künden können von dem einen Gott und seiner allgegenwärtigen Liebe. Sie hätten geschaffen viele Götter unter den Menschen. So erschufen sie Atlantis und lebten dort wie die Menschen unter Menschen. Sie versuchten, sie zu unterrichten in der Liebe und Allgegenwart der göttlichen Energie. Sie halfen ihnen mit der göttlichen Kraft, Gebäude zu errichten und Denkmäler zu schaffen. In allen Kulturen der Erde schufen sie Monumente im Namen der Göttlichkeit. Sie vermittelten den Völkern das Wissen um die Ausmaße der Erde und die Maße und Entfernungen der Sterne um die Erde herum. Sie suchten, sie zu unterrichten in der Berechnung der Sternenlaufbahn und halfen ihnen beim Entwickeln der kosmischen Kalender. So war Stonehenge die Schule von Atlantis. So seht Ihr die Monolithen der Erde und das Zeugnis Stonehenge als Zeugnis von den Zeiten des Kontinents Atlantis. Ihr seht es als Zeichen über die Verbindung jener Wesen und Seelen in andere Dimensionen. So war es nicht nur zur Peilung aller Heiligtümer auf dieser Eurer Erde und nicht nur zur Berechnung von Mondkalendern und Kosmosbetrachtungen, sondern verkörperte auch eine Schule der Elemente. Alle existenten Elemente finden Platz in den Kreisen von Stonehenge, und mit Hilfe von riesigen reinen Kristallen und der kosmischen Energie konnten die Bewohner von Atlantis sich jenes materialisieren, was sie zum Bau ihrer Paläste und Prunkhäuser benötigten. Auch zum Überwinden von Zeit und Raum hätte dieser Energieapparat Bedeutung gefunden. Doch dieses Wissen haben die Energieseelen aus der anderen Dimension nicht weitergegeben an jene Menschen, mit denen sie lebten. So demonstrierten sie dort die Kraft der Energien und die Wirkung der Elemente. Mit dem Entfernen der großen Kristalle ist diese Energiekammer unwirksam. Lediglich Erdkräfte und Magnetfelder können in der heutigen Zeit dort noch benutzt werden. Auch zum Studium der Himmelsgestirne kann man die steinernen

Zeugen der Zeit verwenden. Das Wissen jener Schule möge verborgen bleiben bis in die Ewigkeit oder bis zu jenem Zeitpunkt, da die Menschenseelen in Frieden gehen und reif sind für diese Erkenntnisse der Kräfte. Einige Eurer Seelen haben versucht, jene Kräfte wiederzuentdecken. Doch es ist nicht in Gottes Willen, daß die Menschheit sich und den Planeten Erde vorzeitig vernichtet mit dem Wissen, denn sie würden es nutzen als Waffe und entweihen zur Ergreifung der Macht.

So suchten die Energiewesen den Menschen zu vermitteln Wissen und Weisheit, auf daß sie erkennen sollten den Reichtum und die grenzenlosen Möglichkeiten durch die Liebe und Kraft Gottes. Doch die Menschenseelen konnten nicht verstehen den Sinn und die Helligkeit in Gottes Auftrag. Jene Menschen, die mit den Energiewesen lebten, wurden zu den Bewohnern von Atlantis. Sie lernten schnell und nutzten die Kräfte, die sie zugänglich erhielten. Sie speicherten ihr Wissen in Kristalle, nutzten die kosmische Kraft zum Bereisen der Welt, zur Herstellung ihrer Gebäude und zur Verwirklichung ihrer irdischen Wünsche. Sie nutzten ihr Wissen, um mit Hilfe der Erdenergie, der Magnetfelder, dem Wissen um die chemischen Elemente, die elektrischen Felder und Schwingungen von Kristallen und Monolithen, um sich alles zu materialisieren, was sie zu Reichtum und Macht führte. Sie begannen, jene Erkenntnisse, die ihnen in Liebe und Ehrlichkeit angetragen waren, nur zu nutzen, um die schönen weltlichen Dinge des Lebens zu genießen. Emsig suchten die Energiewesen, diese Entwicklung zu korrigieren und die Menschen abzubringen von der weltlichen Genußsucht. Sie waren gekommen, um Gottes Liebe und Allgegenwart in die Herzen der Menschen zu tragen. Die menschlichen

Bewohner von Atlantis korrigierten ihre Ansichten und suchten nach der Gottesgegenwart, da sie spürten, daß sie den Zorn der Energien ausgelöst hatten. Doch es war zu spät, denn eine Menschenseele wollte nicht hören die Warnungen und Botschaften der Liebe und Reinheit der Herzen. Jene hatte begonnen den Handel in der Welt, denn Atlantis war unter den Völkern der Erde als reich und wissend bekannt. Jene Seele versteckte Bausteine des Wissens in allen Teilen der Erde, um sie teuer zu verkaufen und die Macht der Welt zu erlangen. Sie bereitete den Krieg vor gegen Atlantis. So die Energiewesen erkannten, daß sie Krieg gesät hatten und nicht die Botschaft der Gottesliebe, erkannten sie, was sie getan hatten. Sie verstanden, daß innerhalb der einzelnen Dimensionen der Entwicklungsstand der Völker und Kulturen in Harmonie ist. Sie durchsprangen andere Dimensionen und begriffen den göttlichen Sinn in den Entwicklungsständen und erkannten um ihre eigene Fehlung. Sie fielen vor ihrem inneren Altar der Erkenntnis auf die Knie und ersuchten Gott um Verzeihung, da sie versucht hatten, in Gottes Weisheit und Schöpfung der Dimensionen einzugreifen. Gott in seiner Gnade und unendlichen Liebe zürnte seinen Kindern nicht. Denn sie hatten es getan, um seine Liebe und seine Allgegenwart zu verkünden. Er befahl ihnen, nicht mehr einzugreifen in die Entwicklung der Wesen in den Dimensionen. Er ersuchte sie, sich in ihrer Dimension und ihrem Entwicklungsgang seiner Liebe und Allgegenwart hinzugeben und nicht mehr zu trachten, die Schöpfung zu bessern. Es war ihnen erlaubt, zu studieren andere Dimensionen, um zu finden Erleuchtung in der Göttlichkeit der Schöpfung und zu lernen vom Entwicklungsgang der Seelen. Sie sollten zerstören alle Hinweise auf dieser Eurer Erde, auf ihre Existenz und alle

Apparaturen, die sie fälschlich in diese Welt brachten. So versank für Euch Menschenseelen ein Kontinent in den Fluten des Atlantiks. Jene Menschenseelen, die dort lebten, wurden verteilt über alle Kontinente der Erde, und nur jene durften überleben, die gelobten, niemals das Wissen von Atlantis zu verkünden. Doch die Pracht und das Wissen von Atlantis sind bis in Eure heutige Zeit nicht in Vergessenheit geraten. So laßt Euch Atlantis eine Mahnung sein für die Zeit, da Ihr andere Dimensionen bereist, denn Ihr sollt nicht eingreifen in Gottes Willen und Schöpfung. Die wiedergeborenen menschlichen Atlantisbewohner werden den Nebel des Vergessens erst heben, wenn die Zeit und die Menschheit reif für das Wissen aus Atlantis sind. So geben wir nicht die technischen Kenntnisse der Bewohner von Atlantis, sondern nur das Wissen um die geistigen Verhältnisse, die mit Atlantis in Verbindung sind. Dies sei, um Euch die Göttlichkeit und die Verhältnisse der Unendlichkeit der Dimensionen vor Augen zu führen und somit die Herrlichkeit und Allgegenwart Gottes. Suchet nicht nach Atlantis und dem Inbegriff für Wissen und Reichtum ! Suchet nach dem Wissen und Reichtum in Euch selbst! In Euch ist Gott, und Gottes Liebe und Stärke ist kostbarer als aller Reichtum der Erde. Das Wissen um Gottes Allgegenwart ist das kostbarste und heiligste Gut aller Seelen.

Das Aufladen von Bergkristallen mit Farbenergien oder der Bergkristall als Geheimnisträger von Atlantis

Der Bergkristall mit den Inhalten der Kieselsäure oder des Quarzes ist kristalline Form. Seine Form ist häufig in sechsseitigen Säulen, die in eine sechsseitige Pyramide zugespitzt sind. Im reinsten Zustand ist jener Kristall wasserhell und durch Zirkular-Polarisation ausgezeichnet. Hierzu sei gesagt, daß prinzipiell alle Kristalle in ihrem System Pyramiden bilden, bis auf wenige, die eine Doppelpyramide haben. So Ihr wißt um die Kraft und Wirkung der Pyramide, so wißt Ihr um ihre Leitfähigkeit. Durch die hohe Anzahl der Pyramiden ist die Erhöhung des Kraftpotentials ein Vielfaches. Wenn der Bergkristall von reinster Qualität ist, ist seine Lichtbrechung und Leitfähigkeit stark. Es fallen Farb- und Lichtstrahlen millionenfach konzentriert in die millionenfach angestrahlten Reflexe. So beginnt der Bergkristall, für Euch unsichtbar, die Farben des Regenbogens zu leuchten, wenn Ihr ihn mit der kosmischen Energie verbindet. Fängt der Bergkristall als Empfänger den Licht- oder Farbstrahl ein, so reflektiert er ihn milliardenfach und verstärkt somit seine Wirkung. Man kann mit Farben- und Lichtenergien Bergkristalle programmieren auf eine bestimmte Strahlung. Durch die millionenfache Reflexion trägt der Berkristall seine Informationen sehr lange Zeit. Dergleich ist es mit allen Energien, die in ihn fallen und ihn als Speicherplatz nutzen. Alle Energien sind im Bergkristall speicherbar, positive sowohl wie auch negative. Deshalb mögen die Menschenseelen darauf achten, daß gereinigt werden die Bergkristalle nach einiger Zeit, da sie die Schwingung des Negativen ebenso lange speichern wie die des Positiven. Reinigen kann man den Bergkristall nur, indem man ihn mit positivem Energiefeld auflädt, da die Speicherplätze des ständig neu einfallenden Negativen oder Andersschwingenden die Informationen des Reflexspeichers gelöscht haben. Nehmt Ihr einen Bergkristall und führt ihm auf bestimmte Weise eine Farbe zu, so wird er diese noch Monate nach dem Aufspeichern abgeben. Von künstlichen Kristallen sind solche Reinigungs- und Speicherphänomene zu Euch gedrungen. Aber auch hier berufen wir uns auf die Schwingung des Künstlichen. Die Schwingung des Synthetischen überträgt sich mit den Energien auch auf den menschlichen Organismus. Sie sind auf Dauer nicht förderlich. Wenn Ihr Kristalle mit natürlichen Schwingungen aufladet, werden sie Euch sogar Heilung bringen. Auch könnt Ihr Kristalle mit mehreren Programmen gleichzeitig bespeichern, mit Tönen, mit Pflanzenschwingung, Schwingung der Erzengelenergien, Farbenergien und Affirmationen. Wird ein Kristall mit den Tönen der Harmonie und der Farbe ROSA, der Energie des Erzengels Chamuel und der Affirmation Liebe bespeichert, wird das eine völlige Veränderung in der Umwelt einer Seele und im Inneren ihrer selbst bewirken. Die Speicherung muß ca. aller 2 Monate wiederholt werden, doch kann es zu diesem Zeitpunkt schon sein, daß die Blockaden mit diesen Farbenergien bereits ausgeglichen sind. So kann er neu bespielt werden und trägt eine neue Botschaft. Aber auch Botschaften auf Dauer können einprogrammiert werden. Sie sind bis in Ewigkeit haltbar. So Ihr die Kristalle in Höhe des Herzchakras in der ursprünglichsten aber reinsten Form tragt, können alle Chakras gereinigt und ausgeglichen werden. Sogar eine Öffnung der Chakras kann man damit erzielen. Sofern Ihr ausgetestet habt durch Intuition oder mit Hilfe des Pendels, welche Farbenergien und Affirmationen nötig zum Fortkommen und zur Reinigung sind, so könnt Ihr sie in den Bergkristall speichern und ihn tragen als Anhänger um den Hals. Hierbei sei darauf zu achten, daß keine Verunreinigungen mit auf dem Kristall verewigt sind. Sonst könnt Ihr Euch oder den Seelen, denen Ihr ein Programm gefertigt habt, Schaden zufügen. So sind diese Kristallspeicherungen in ausgesuchte und verantwortungsvolle Hände zu legen, da diese von immenser Verantwortung zeugen. Denn eine Beeinflussung des Unterbewußtseins im negativen Bereich ist möglich. Menschen können abhängig und gefügig gemacht werden mit der Kraft der Kristalle. Wir geben diese Methode nicht in dem Buch des Wissens für die Allgemeinheit, um die Seelen zu bewahren vor jenen, die nicht in Liebe und Licht und im Auftrage Gottes damit umgehen. Doch wir geben unsere Botschaft und die Methoden der Kristalleinweihung an jenes Medium, durch das wir unsere Botschaften senden. So mögen die Programmierungen der Kristalle über das Medium veranlaßt und vollendet werden.

Die Bergkristalle sind auch jene, die die Informationen der Bewohner von Atlantis getragen haben. Sie dienten als Speicher des Wissens und waren als Mentalbotschaften, welche sie durch ihr Unterbewußtsein empfangen konnten, abrufbar. So ist die Wirkung der Kristalle über das Unterbewußtsein. Wenn Ihr eine Schwingung aufprogrammiert, gelangt sie über das Unterbewußtsein und, durch den Kristall vielfach verstärkt, in die Aura und somit in alle feinstofflichen und festen Körper des Menschen. Gepaart mit Affirmation, Energie der Erzengel und Tonschwingung bewirken sie Harmonisierung und Ausgleich des Geistes. So ist diese Methode besser, als Farbenergien auf künstlichem Wege zu übermitteln, da sie um ein Vielfaches stärker sind. Zugleich sind sie nach ihrer Bestimmung kein Produkt des Abfalls, sondern können gereinigt und neu programmiert werden. Aktiviert werden die Kristalle durch den Einfall des natürlichen Lichtes, und sie tragen die Reflexionen der Botschaften in das Unterbewußtsein. Das Speichern selbst benötigt nur geringe Zeit und ist von hoher energetischer Qualität. So sehet, daß mit den göttlichen Energien und den Farbschwingungen der Erzengel und der kosmischen Qualität der Töne Eure Gesundheit und Euer Fortkommen in der Suche nach Gott und seiner Liebe gefördert und Göttlichkeit in Euch geweckt werden. Diese Hilfe geben wir in Liebe und in Demut vor Gottes Allgegenwart und seiner unendlichen kosmischen Liebe.

Das Bermuda-Dreieck - Tor in eine andere Dimension

Die Dimensionen sind durch magnetische Felder und energetische Flächen miteinander in Verbindung. Ihr suchet die außerirdischen Wesen in Eurem Weltall. Doch dabei überseht Ihr die Logik. Wir sprachen davon, daß Ihr einen Stern, so Ihr ihn am Himmel leuchten sehet, im Jetzt wahrnehmt, also in der Gegenwart. Macht Ihr Euch auf, um ihn zu besuchen, so ist er Lichtjahre von Euch entfernt, also in der Zukunft. Da das Licht des Sterns aber Lichtjahre benötigte, um auf Eure Erde zu treffen, kann es sein, daß er schon nicht mehr existent ist. Also ist er Vergangenheit. Ihr sucht nach den Wesen in der Vergangenheit. Da aber klar ist, daß diese Wesen, die Euch auch besuchen, in der Gegenwart sein müssen, müßt Ihr sie auch in dem Hier und Jetzt finden. So gibt es viele Dimensionen in diesem Euren Sein. Eure Welt Erde ist nur eine von vielen, die in parallelen Universen existieren. Ihr habt gefunden den ersten Baustein zu diesen Welten in den Energie- und Magnetfeldern des Curry-Netzes. Doch noch viele andere nicht sichtbare Felder gibt es. Würdet Ihr mehr Geld ausgeben, um Eure Gegenwart zu untersuchen und nicht per Raumfahrt Eure Vergangenheit, so hättet Ihr die Tore der Dimensionen längst entdeckt. Es sind Magnetfelder, die sich im Bermuda-Dreieck und in vielen anderen Orten der Erde befinden, die energetisch zu verschieben sind. Es haben Euch viele andere Wesen schon besucht und Eure Welt erkundet durch jene Feldtore. Durch Magnetfeldkenntnisse sind sie für Euch unsichtbar, und nur selten lassen sie den Mantel der Tarnung fallen, um Euch Hinweise auf ihre Existenz zu geben.

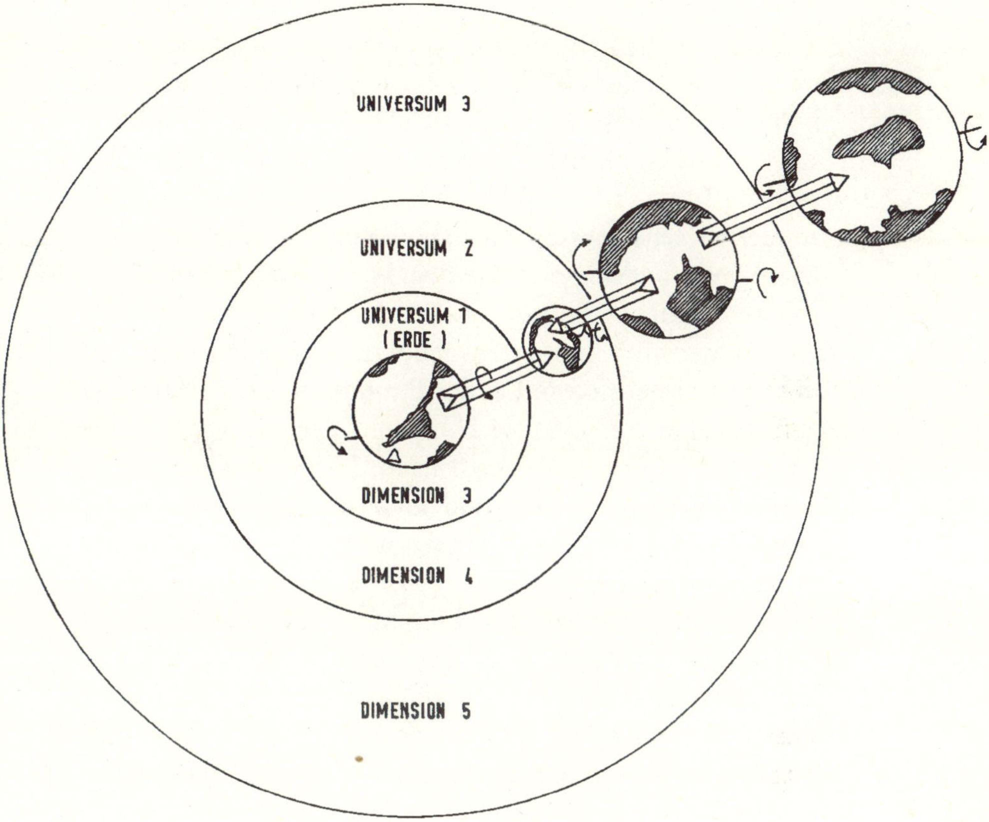

Die Verknüpfung der Dimensionen

Durch jenes Tor kamen auch die Schöpfer von Atlantis. Die Wesen, die das Tor der Dimensionen nutzen, sind friedlich und nur begierig, das Lernfeld einer anderen Stufe zu erkunden. Denn Ihr seid auch in ihnen eins mit Gott. Es sind Seelen, die sich auf einer anderen Dimension zum Lernen bewegen, für die sie sich in Freiwilligkeit entschieden haben. Doch diese Wesen mit vielen Namen wie zum Beispiel Nuvruks, Pitmals, Elashare, Salmonis und Kedars sind in Angst vor Euch, denn der Mensch ist nicht friedlich, sondern machtbesessen. Sie fürchten um Unruhe und Krieg in ihren Dimensionen. So beobachten sie Euch und helfen sogar in manchen Entwicklungen. Jene Menschen, die sich Mayas nannten, hatten Kontakt zu ihnen und verließen die Erdendimension mit den Atlantanern, weil sie um die zornige Menschheitsentwicklung fürchteten. So verschwand eine Kultur, höherentwickelt, als Ihr Euch vorstellen könnt, und lebt nun in Frieden und Liebe in einer anderen Dimension. So sehet die Welten wie verschiedene Ebenen miteinander verknüpft. Öffnet sich das Tor zu den Dimensionen, von einer anderen Dimension aktiviert, und ein Flugzeug oder Schiff gerät hinein, so gelangt es in eine andere Dimension. Eine Rückkehr in diese Eure Welt ist unmöglich zur heutigen Zeit, denn die Menschheit darf noch nicht wissen um die Tore der Universen. Erst wenn Frieden ist in Eurer Welt, wird eine Kommunikation möglich.

Gottes Schöpfung ist unendlich. Zeit und Raum sind nicht existent. Der Universen sind unendlich, und auch der Zeit ist ewig. Ihr seid in Ewigkeit und Unendlichkeit ein Teil Gottes und seiner Schöpfung. Ziel ist das Streben nach der Verschmelzung in der Glückseligkeit und Unsterblichkeit des Geistes in Gott.

Ihr habet das ewige Leben. So fürchtet nicht das Ende der Menschheit, denn Ihr werdet wiedergeborene Seelen in einer anderen Welt sein, in der Ihr nicht Mensch seid. Ihr Seelen wünschtet von Gott einen Planeten, dem Paradiese gleich. Gott schenkte Euch in Liebe das Paradies auf Erden in all seiner Schönheit und Genialität. Schauet, was Ihr daraus gemacht habt! Ihr nutzet nicht das Paradies, um Gott zu dienen und ihm zu danken und ihn zu ehren. Ihr verwendet die Gaben der Liebe zum Handel und zur Ausbeutung der Natur und deren Zerstörung. Suchet Ihr das Paradies - es ist zu Euren Füße ! Zerstört Ihr Euren Planeten, so wird Gott in seiner Güte und Allgegenwart den Seelen einen neuen schenken in der Hoffnung um das Erkennen der Seelen und ihrer Liebe - welch ein Geschenk!

Das Labyrinth von Chartres oder die Methode des Polarisierens und positiven Aufladens nach Atlantis

Die Methode der magnetischen Heilung ist eine von den Atlantanern überlieferte Möglichkeit, den Energiefluß der kosmischen Elektrizität im Körper des Menschen zu polarisieren und somit auszugleichen. Hierzu müßt Ihr Euch mehr an Hintergrundwissen über magnetische Felder, Strömungen und Flächen verdeutlichen.

Magnete sind nach Eurer Vorstellung lediglich magneteisensteinhaltige Mineralien, die die Eigenschaft des Festhaltens oder Anziehens von eisenhaltigen oder metallhaltigen Massen haben. Schon in alter Zeit war diese Wirkung bekannt. Doch auch zur Herstellung von Dynamo-Maschinen habt Ihr die Physik des Magnetismus in Verbindung mit elektrischer Kraft. So wißt Ihr um die Zusammenwirkung von Energie- und Magnetfeldern. Ihr wißt auch um Erdmagnetfelder und Energie- oder Kraftorte, an denen besonders hohe kosmische Energien einfallen. Dies ist im Zusammenhang, denn durch elektrische Ströme können magnetische Wirkungen entstehen.

Schon in alten Tagen nutzten die Seefahrer Kompasse mit Magneten. So stellten sie fest, daß die magnetischen Pole von Kompaßnadeln auf Schiffen durch einen in der Nähe ausgelösten Blitz umgekehrt wurden. Dies bewies den Zusammenhang zwischen der elektrischen und der magnetischen Kraft. So fand schon Ampère die Zusammenhänge der Ströme und der Magnetisierung. Der Versuch, der zum Aufschluß führte, sei kurz dargestellt: Das Schließungsglied einer galvanischen Kette werde parallel zu einer Magnetnadel gehalten. Die Magnetnadel ist hierbei vom Süden nach Norden gerichtet. Leitet man das Schließungsglied oberhalb jener Nadel, dann wird diese ausschlagen. Die Richtung des Ausschlages wird durch die Richtung des elektrischen Stromes verändert. Dringt der positiv elektrische Strom von Norden nach Süden durch das Schließungsglied, welches Ihr oberhalb der Nadel bewegt, so wird der Nordpol der Nadel nach Osten und der Südpol nach Westen abgelenkt. Dringt der positive Strom von Süden nach Norden ein und legt Ihr die Kette mit dem Verschluß unter die Magnetnadel, so bewegt sich diese in umgekehrter Richtung, also der Nordpol nach Westen und der Südpol nach Osten.

Das Gesetz des Ausschlagens versteht sich bildlich so: Denkt man sich selbst in den Schließungsdraht einer galvanischen Kette so, daß der Strom zu den Füßen ein- und zum Kopfe austritt und wendet dabei das Gesicht zur Magnetnadel, so wird jedesmal der Nordpol zur linken und der Südpol zur rechten Hand abgelenkt.

Ein anderes Beispiel sei zu Eurem Verständnis zitiert: Bestreut man ein Kartenblatt, das senkrecht von einem Stromleiter durchbohrt wird, mit sehr feinen Eisenspänen, so ordnen sich dieselben beim vorsichtigen Anklopfen im Kreise, deren Mittelpunkte in der Bohrung liegen. Der Strom erzeugt also ein magnetisches Feld mit ringförmigen Kraftlinien. Der Strom, der von oben nach unten durch das Papier fließt, wird die Eisenteilchen mit Nord-Magnetfeld im Uhrzeigersinn und jene mit Süd-Magnetfeld umgekehrt im Kreise herumdrehen.

So wenden wir diese Kenntnisse an auf die kosmischen Ernergien. Es existieren in Eurem Körper nicht meßbare oder sichtbare Magnetfelder. Durch das Eindringen der kosmischen Energie über den Kopf werden die Magnetteilchen im Kreise bewegt. Der Magnetismus des menschlichen

Körpers wird heutzutage durch elektrische oder starke magnetische Einflüsse durch Technik oder ähnliches gestört oder sogar geändert. Um die Chakren des Menschen, jene, die Kreis-Drehpunkte der magnetischen Felder sind, wieder zu harmonisieren, muß man sie polarisieren durch eine Apparatur, die die Magnetfelder in die richtige Richtung ausdreht.

So habt Ihr in Chartres einen solchen Apparat, in dem die Energie- oder Magnetzentren des menschlichen Körpers und der Geistkörper ausgeglichen und polarisiert werden. Wie funktioniert dies? Das Labyrinth von Chartres wirkt über ein hochmagnetisches Feld, das aus kosmischer Elektrizität erzeugt ist. Ins Zentrum des Labyrinthes dringt starke kosmische Energie, sprich Strom, ein. Durch die geistigen Linien der Dreiecke wird der Strom durch die einzige offene Seite gelenkt, direkt in das Labyrinth. Bewegt sich nun der Mensch von außen durch das Labyrinth, so dringt der Strom über die Füße ein. Das ist der Grund, warum man dort keine gummierten Schuhe tragen sollte, da diese den Strom nicht eindringen lassen. Bewegt man sich nun abwechselnd und in bestimmter Reihenfolge durch das Labyrinth und wechselt die Positionen zum Einfallspunkt der Kraft, so ändert der Strom die Polarität, die über die Hände austritt. Wendet man sich dem Kraftzentrum zu, läuft der Strom nordpolarisiert zur linken Hand und südpolarisiert zur rechten Hand aus. Geht man eine Weile parallel zum Kraftzentrum, harmonisieren sich jene Chakras, die im Sinne des Uhrzeigers verkehrt laufen. Ändert man nun wieder die Position, sprich: man dreht dem Einfallspunkt der Kraft den Rücken, so dringt die südpolarisierte Kraft zur linken und die nordpolarisierte zur rechten aus. Durch das Entlanglaufen der geschwungenen Linien des Labyrinthes wechselt der Begeher des Labyrinthes seine Ausrichtung zum Kraftort in ausgeklügelten Abständen. So werden die Energiezentren des Körpers harmonisiert, indem der Begeher in Kurven und Parallelen zum Kraftzentrum so läuft, daß er abwechselnd und in genau abgestimmten Zeiträumen die Chakras polarisiert. Gleichzeitig bewegt er sich langsam und in vorsichtigem Herantasten auf das Energiezentrum zu und wird mit der kosmischen Energie aufgeladen. Es sei empfohlen, im Zentrum zu verweilen und das Labyrinth nicht von innen nach außen zu begehen. Man bewege sich gerade zwischen den frei wirkenden Linien heraus, mit dem Rücken zum Kraftfeld. Nehmet diese Erkenntnisse und versteht um die kosmischen Zusammenhänge der Kraft der Energien. Die Energien sind göttlichen Ursprungs, und somit wird in dieser Anlage die Wirkunsgweise und die Ausgeglichenheit im kosmischen System bewußt. Gepriesen sei die Schöpfung des Herrn, und sein Lob sei immerdar.

Reiki – die Anwendung kosmischer Energie

Die einfachste und wirkungsvollste Methode, die kosmische göttliche Kraft als neutrales weißes Licht zu kanalisieren, ist die Methode des Reiki. Das Wissen der Atlantaner, von Mönchen in Tibet streng bewacht und gehütet, ist in Eurer heutigen Zeit wiederentdeckt worden. Die göttliche Kraft der Farbe Weiß als reinigende und neutralisierende Energie steht Euch hierbei zur Verfügung. Dies ist die sanfteste Form der Energie- oder Lichtarbeit. Denn die Farbe WEIß ist die neutrale und doch alle Farben beinhaltende Farbenergie. Hierbei handelt es sich um eine bewußte Eröffnung des Kanalflusses der Energie, die durch das Austreten aus den Händen spürbar wird.
Die Anwendung von Reiki ist aber noch viel mehr, denn hierbei wird auch die gegenseitige Beachtung und Zuwendung gefördert, die in den Jahren des Handels und der Technik fast ganz verlorengegangen ist. Die heutige Zuwendung, die sich die Menschenseelen gegenseitig gewähren, sind, außer sexuell betonten Handlungen, mehr als dürftig. Das Zuneigung-Ausdrücken durch die körperliche sanfte Berührung und die Gewährung von Zeit für einen Mitmenschen ist der Schnellebigkeit und Oberflächlichkeit gewichen. Zeit füreinander haben bedeutet, Achtung zu empfinden. Zeit aufzuwenden und liebevolle Energien zu verschenken bedeutet, den Nächsten zu lieben. Die Verrohung der Gesellschaft und die massive ausschließlich auf Sexkonsum orientierte Umgangsweise mit den körperlichen Bedürfnissen verursacht allgemeine Frustration und gegenseitige Nichtachtung.
Eine Reikibehandlung ist die Weitergabe von Zuwendung und die Weiterleitung reinster kosmischer Energie in der

für die betreffenden Seelen richtigen Dosis. So ist Reiki und seine Verbreitung der Beginn der Bewußtwerdung um die Oberflächlichkeit in Eurer heutigen Zeit. Sanft werden die Schwingungen der Liebe wieder aktiviert und erheben diese Eure Erde wieder in die Schwingung des Lichtes. Durch die große Verbreitung und Akzeptanz von Reiki werden die kosmischen Qualitäten wiederentdeckt und tragen zum Frieden unter den Menschenseelen bei. Hierbei sei bemerkt, daß nicht die Höhe der Summe die Entscheidung über die Qualität der Energie bestimmt, die Ihr für die Einweihung und Weiterbildung bezahlen dürft. Die Qualitäten der Energien wirken auf jede menschliche Seele individuell, denn die Kanalfähigkeit unter den Menschen ist unterschiedlich. Zum Austausch der Energien mag es richtig sein, daß die Weiterleitung der Benutzbarkeit von Reiki Geld kostet, doch hat jenes keinen Einfluß auf die Wirksamkeit der kosmischen Kräfte.

Es stellt Reiki eine erste Stufe für jene dar, die sich bisher nicht mit den geistigen Energien beschäftigt haben. Sie werden selbst gereinigt und geöffnet für geistige Entwicklungen und Prozesse des Interessierens für die Wichtigkeit der Gottesenergien. So kann eine Seele sich bewußt Selbstzuwendung und Liebe schenken, die sie von ihrem Umfeld nicht erhält. Durch die Spürbarkeit der Energien hilft das auf den Weg der Selbstliebe. Energetisiert eine Seele eine andere, so wird hier die Spürbarkeit der Energien zur Nächstenliebe führen. Zum Beispiel können psychische Probleme und Auswirkungen, die mit zu wenig Selbstliebe oder zu wenig Zuwendung von außen zu tun haben, gelöst und beseitigt werden. Hierbei spricht man von Blockaden. Eine korpulente Frau z.B. wird durch das Energetisieren von Körperteilen, durch die sie sich häßlich oder entstellt empfindet, Liebe für ihren Körper spüren. Es wird das Bewußtsein für die Schönheit der Seele und nicht des Körpers geweckt. Sendet sie immer die Gedanken des Nicht-Liebens oder Nicht-Schönfindens in diesen Körper, so wird er sich nicht verändern. Schickt sie durch die Liebe und Aufmerksamkeit die positiven Energien in diese Bereiche, so kann sie ihren Körper annehmen und lieben. Hierbei spielt ihr Umfeld eine große Rolle. Sie kann durch Zuwendung des Partners in Form einer Reiki-Behandlung sogar ihr überflüssiges Gewicht fallen lassen in Bewußtheit. Denn durch die Zuwendung des Partners erfährt sie die Schönheit ihrer Seele und deren Annahme oder Akzeptanz.

Reiki ist sehr vielseitig und allumfassend einzusetzen. Es wirkt mit der Kraft der Liebe und den Gedanken auch über Raum und Zeit hinweg. Hierzu werden nach der gelehrten Methode Symbole verwendet, die eigentlich gar nicht notwendig sind. Raum und Zeit sind nicht existent. Die Symbole, die Ihr erhalten habt, um Raum und Zeit zu überwinden, sind nur eine Brücke für Eure Vorstellungskraft. Mit den Gedanken, welche Energie, und mit dem Kosmos eins sind können Raum und Zeit immer überwunden werden, da jene nicht existent sind. Stellt Ihr Euch vor, daß Ihr die Kraft Reiki in diesem Moment für eine bestimmte Person in einer bestimmten Zeit verwendet, wird die Kraft genau zu jener Stunde und an jenem Ort ankommen durch die Kraft der Gedanken über die Ewigkeit hinweg.

Ein wichtiger weiterer Aspekt ist die Reinigung der Lebensmittel mit der Reikienergie. Belastete Nahrung kann mit dem reinigenden Strahl der kosmischen Energie geläutert und energetisiert werden. Ganz aufheben kann man Belastungen damit zwar nicht, doch kann in Einzelbereichen eine Harmonisierung erfolgen, und man erteilt jenen

Wesen, die sich für die Nahrungsaufnahme des menschlichen Körpers opfern, Anerkennung und Zuwendung.
Es gibt verschiedene Stufen des Reiki und auch verschiedene Auffassungen. Richtig ist, daß durch das langsame Heranführen und stufenweise Einweihen die menschliche Seele in Sanftheit mit der Energiekonzentration vertraut gemacht wird. Doch endlose Aufbaustufen sind hierbei nicht notwendig. Nach der Einweihung zum Meister/Lehrer gibt es etliche Aufbaustufen, von denen wir nicht überzeugt sind, da sie zum Teil nicht notwendig sind. Der Sinn von Reiki endet mit der Fähigkeit, andere Menschen in der Anwendung zu unterrichten, doch auch dieser Schritt ist in Freiwilligkeit. Möchte eine Seele nicht lehren, sondern nur Energien verschenken, ist dies der eigentliche Ursprung und Sinn des Systems. Durch den Boom in letzter Zeit auf dieser Eurer Erde ist die Reikikraft erweitert worden, oft nur aus rein wirtschaftlichem Interesse. Weitere Einweihungen sind nicht notwendig, doch auch hier geht Ihr in Freiwilligkeit. Da nach dem Empfangen der Meisterenergie sich die Energien ohnehin individuell erhöhen – je nach spirituellem Werdegang der Seele – kann eine höhere Energiezufuhr von Schaden sein. Manche Seelen werden in diesem Leben nie mehr als jene Energien vertragen können. Auch zeichnet sich die Gefahr der Abhängigkeit bei diesen zusätzlichen Schritten deutlich ab. Nur, um auf dem höchsten Stand der Energien zu sein, lassen sich Seelen einweihen und machen sich so abhängig von Markt und Wirtschaft. Das bitten wir Euch zu bedenken und in Eurem freiwilligen Entscheidungsgang zu berücksichtigen.
Dann gibt es eine weitere Methode, die wir Euch verdeutlichen wollen. Die Einweihung mit Kristallen ist mit höchster Vorsicht zu verstehen. Wie wir bereits sagten, sind

Kristalle Botschafter und Speicherträger für Informationen. So die Kristalle nicht rein und für den betreffenden Zweck programmiert sind, können sie auch Verunreinigungen in die Weihe einbringen. Dies bedeutet, daß im Unbewußten durch die Einweihung mit Kristallen sogar mißbräuchliche Anweisungen in Euer hohes Selbst geschleust werden können. Auch können Schwingungen von Seele zu Seele getragen werden, sofern mehrere Seelen nacheinander mit den gleichen Kristallen geweiht werden. Hierbei sollte jeder Einzuweihende seine eigenen Kristalle haben, um solche Fehler oder Beeinflussungen zu vermeiden.
Wichtig auf diesem Gebiet sei noch folgendes: Wir werden nicht die Technik des Einweihens beschreiben, da wir schon so den Mißbrauch sehen, der mit diesen Techniken betrieben wird. Die ursprünglichste und unverfälschteste Einweihung ist die kosmisch-energetischste. Zusatzhandlungen, die vom Einweihenden sicher gut gemeint sein mögen, sind nicht notwendig. Wichtig und oberstes Gebot ist die Ernsthaftigkeit und die Gewissenhaftigkeit bei der Einweihung.
Eine schöne Methode, um Problemfelder und Blockaden vor der Einweihung an die geistige Welt zur Lösung abzugeben, ist das Verbrennen der niedergeschriebenen Sorgen auf einem Blatt Papier. Positive und negative aufzulösende Muster mögen auf zwei separate Blätter geschrieben werden. Zusammengefaltet werden die Zettel in einem Behälter entzündet. Dies ist eine heilige Handlung und sollte in der Gruppe, in einem aufgestellten Kreise, erfolgen. Die Wünsche und Blockaden werden so in die geistige Welt abgegeben und freigegeben für die Erzengel zur Erlösung und Erfüllung. Frei von den Sorgen ist die Einweihung befreiter und eröffneter zu erleben für die Seelen.

Außerdem werden durch die Einweihung hohe Energien freigesetzt und tragen somit zur Erlösung und Erfüllung bei. Auch zum Jahreswechsel empfiehlt sich ein solches Ritual. Dies sei nun unsere Empfehlung für den Umgang mit der heiligen Energie Reiki. Machet Euch bewußt, daß Reiki eine Form der göttlichen Liebe ist und in allen Prozessen der irdischen Entwicklung Hilfe darstellt. Die Göttlichkeit der Energien werde Euch bewußt und erhelle Eure Herzen und Seelen. Danket dem Herrn für die Allgegenwart seiner göttlichen Energien.

Die Jahreswende und die Energien der magnetischen Sonnenwinde

Die Energien zur Jahreswende sind auf dieser Eurer Erde am höchsten, da dies mit der Entfernung zur Sonne einhergeht. Auf Eurer Erde existieren viele magnetische Ströme und Schwingungen. Auch von der Sonne gehen solche Schwingungen aus. Da die Erde sich um die Sonne dreht, in einer Elipse, verändert sie den Abstand zu ihr innerhalb eines Jahres. So entstehen die Jahreszeiten. Doch was für Euch nicht sichtbar ist, beeinflußt die Energien auf dieser Eurer Erde. Die Sonne wirft auf die Erde magnetische Winde. Dies beeinflußt die magnetischen Energien aller Lebewesen und Magnetfelder auf der Erde. In der Zeit, da die Erde der Sonne am weitesten entfernt ist, sind die Einwirkungen der magnetischen Winde am niedrigsten. So können verstärkt die Energien der irdischen Magnetfelder in Rotation und die Energien der Meister und aller positiven Felder steigen. Dies nehmt Ihr nur im Unbewußten wahr, denn die Wirkungen der Magnetfelder liegen hauptsächlich im Unterbewußtsein und im Astralkörper. Da die menschliche Seele in ihrem Körper sieben Magnetfeldkreise (Chakras) hat, können jene zu dieser Zeit besonders gut schwingen. Hierin und in der Ruhepause der Natur ist die Aufgabe zu sehen, zu dieser Zeit besonders intensiv am geistigen Fortkommen zu arbeiten und für den Frieden zu wirken. Die menschliche Seele ist in diesem Zeitraum am aufnahmefähigsten für die seelischen und spirituellen Zusammenhänge.
So verbanden die Völker mit den Sonnenwenden, Winter- oder Sommer-Sonnenwende genannt, heilige Rituale. Dies ist darauf zurückzuführen, daß sich zu jenen Zeitpunkten

die nicht sichtbaren Magnetfelder umpolarisieren, bedingt durch die Bewegungen der magnetischen Sonnnenwinde. Würden die für Euch nicht meßbaren magnetischen Mikrofelder immer gleich herumdrehen, würde dies Störungen auslösen. So polarisiert sich der Magnetfluß neu mit den Sonnenwenden und den Änderungen der Sonnenwinde in Vorwärts- und Rückwärts-Steigerungen.
So empfehlen wir allen Seelen, sich gerade um die Jahreswende zwischen dem 24. Dezember und dem 5. Januar nach Eurer Zeitrechnung intensiv für den Frieden auf der Welt und für das eigene Fortkommen der Seele zu bemühen. Das Spüren von Gottes Gegenwart wird hier allen Seelen leicht gemacht. Durch die hohen Energien aller Meister und Heiligen aller Religionen sind die Anbindungen und die Erkenntnisse der Lichtwerdung in Förderung. Wir möchten in diesem Zusammenhang den Glanz und die Liebe der Meister und Heiligen erwähnen, die sich gerade in dieser heiligen Zeit besonders um den Werdegang ihrer Seelenschüler bemühen. Die hohen Energien von Jesus Christus könnt Ihr hierbei hauptsächlich spüren. Jedes Jahr von neuem wird um die Weihnachtszeit die Christusenergie die Welt in Liebe und Vergebung hüllen. Nächstenliebe und Brüderlichkeit und die Vergebung der Sünden sind die Botschaften jenes Lichtes, das die Jahreswende geleitet und Hoffnungen schafft für die Geburt des neuen Jahres. Jedes Jahr von neuem opfert sich die Christusenergie für die Menschheit und berührt die Seelen mit der Liebe und Hingabe der Göttlichkeit. Voll Demut und Aufopferung in der Hoffnung um Erlösung der Seelen, und um das Finden der Menschenkinder zu Gott, dem Vater, erleuchtet die Christusliebe diese Eure Welt. Doch den Sinn dieses Energiefestes und die eigentliche Bedeutung der

Vergebung erfaßt Ihr nicht.
Die Zeit des Christusbewußtseins nützt Ihr zum regen Warenaustausch und zum Betäuben Eures Gewissens ob Eurer Gedankenlosigkeit, Schnellebigkeit und mangelnden Hingabe an Euren Nächsten. So sollte der Heilige Abend der Tag der Christusenergie sein als Geschenk der Liebe und Herzensfreude. Jesus Christus wird in Form reinster Energie jedes Jahr aufs neue geboren und zum Erhellen Eurer Gottgläubigkeit in Eure Herzen getragen. Dieser Meister ist noch nach seinem Tod und seiner Verschmelzung mit den Energien nicht müde, Euch die Helligkeit des einen Gottes in die Welt zu tragen. Jedes Jahr von neuem wird das Christusbewußtsein in Eurem Gedenken gekreuzigt, und Ihr erfahret von seiner Existenz über den Tod hinaus. Christus kündet von der Unendlichkeit des Seins und der Herrlichkeit und Schönheit des Glaubens und des Gottesbewußtseins. So opfert sich die Christusenergie jedes neue Jahr und erlöst Euch somit von Euren Sünden. In Demut und Hingabe wird Christus nicht müde, Euch zu künden von seinem Werdegang und zu loben des Herren Gnade und Vergebung. Dies ist das Geschenk des Christusbewußtseins an die Seelen der Menschen. Gedenket jener Heiligkeit am Tage der Geburt Christi!
So traget in Eure Herzen die Freude und das Licht Jesus, nicht das Dunkel des Materialismus! Wichtig ist auch die Erziehung Eurer Kinder. Öffnet das Bewußtsein Eurer Kindesseelen für die eigentliche Bedeutung des Christfestes. Sicherlich ist es schwierig, einen Mittelweg zu finden. Denn die Kinder sind auch beeinflußt durch Mitschüler oder Freunde. Sie können nicht verstehen, warum andere Kinder große Geschenke erhalten und sie nur über Gott sprechen sollen. Doch mit dem Heranwachsen sollte

die Wichtigkeit dieser Thematik mit der Kindesseele geübt und besprochen werden. Das Bewußtsein Eurer Kinder wird sich dann schnell entfalten und die Sehnsucht nach Gott entwickeln. Wichtig ist die Bewußtmachung von Energien im frühesten Stadium.

Die Institution Kirche in der heutigen Zeit auf dieser Eurer Erde ist eigentlich bereits jetzt nicht mehr in ursprünglichem Sinn von Gottesbewußtsein und Religiosität. Zuviel wird bürokratisiert, und auch hier geht es oft nur um Reichtum und Besitz. Was ist eigentlich Kirche? Oder was ist im geistigen Sinne darunter zu verstehen? Kirche, der Ort des Gebetes, ist die Stätte des Zusammentreffens der Seelen, um dort Gottes Gegenwart zu huldigen und ihn zu ehren. Im täglichen Leben ist Gott mehr präsent als in Euren modernen Gotteshäusern. Die alten Kathedralen und Kirchen sind noch nach spirituellen Richtlinien und unter kosmischen Gesetzen veranlagten Gesichtspunkten erbaut und tatsächlich den kosmischen Gottesernergien geweiht. Hierbei hatten Eure Vorfahren ein besseres Gespür und ein offeneres Herz für die Plätze der Energien und die Orte der Kraft. Sie spürten durch jene Orte Gottes Gegenwart und erbauten dort den Tempel oder die Kirche, um Gottes Kraft zu ehren und ihr den entsprechenden Rahmen zu verleihen. Heutzutage werden Kirchen einfach modern in die Landschaft gesetzt, und sie sind nicht mehr eins mit den ursprünglich intuitiv erspürten Kraftorten. Dieses Wissen ist in Eurer Vergangenheit begraben worden. Mit der Erweckung Eurer Intuition wird es Euch gelingen, jene Kenntnisse wiederzuerlangen.

Kirche ist die Bezeichnung für einen Ort der Gottesgegenwart und eine Stätte der heiligen Annäherung und Ehrerbietung der Seelen. Doch was bedeutet Euch Kirche heute? Einmal im Jahr erscheint Ihr zu den Gottesdiensten, vorzugsweise Weihnachten, weil das schick ist und die rührselige Geschenkstimmung einleitet. So lauschtet Ihr vor dem Austeilen der Gaben noch einmal kurz der Weihnachtsgeschichte und habet damit nach Euren Auffassungen Euren Gottesdienst erfüllt. Ich will Euch sagen, was Kirche eigentlich ist. Sie ist ein Ort jener Gottsuchenden, die von anderen Gottsuchern wissen wollen, wie man Gott findet. Sie möchten Erfahrungen austauschen oder Anregungen erhalten auf ihrer Suche nach dem Allerheiligsten. Mit jeder Meditation übt Ihr mehr Gottesdienst als mit dem bloßen Lauschen von Worten, die ein Bediensteter von der Kanzel zitiert. Oftmals hat jener selbst nicht einmal den Versuch gemacht, Gott wirklich zu finden. Gott ist in jedem von Euch. Er ist in jeder Seele und in jedem Wesen. Nur durch Stille und dem Lauschen in sich selbst wird die Menschenseele das Licht Gottes im eigenen Inneren finden. Still zu sein und die volle Aufmerksamkeit dem Einen schenken, die Augen schließen und alle anderen Gedanken verbannen, das ist Gottsuchen ! Gottesdienst lebt Ihr in Eurem Alltag. Stellt jedes Handeln und jedes Erleben in den Auftrag Gottes, und begegnet Euch in Liebe und Hingabe. Dann seid Ihr wahre Gottsucher. Dann wird Licht in Euer Leben getragen, und Ihr erhaltet Unterstützung vom Herren und seinen Erzengeln. Die Zeit ist am Jahresende gekommen, zu überdenken das Vergangene und zu entscheiden über das neue Jahr. Stellt das nächste Jahr in den Dienst Gottes, des Allgegenwärtigen, und Ihr werdet sehen den Dienst und die Liebe, die er Euch schenkt. Nehmet das Geschenk der unendlichen Liebe, und weihet dem wunderbaren Gott Euer Leben als den Altar und die Kirche, in denen Ihr den Herren achtet und ehrt. Seid dankbar für jeden Tag des Dienstes und des Suchens, denn mit jeder weiteren Stunde wird Eure Sehnsucht nach Gott größer. Und Ihr werdet ihm mit jeder Sekunde eine kleine Ewigkeit näher sein. So schenkt Euch der Herr wieder ein neues Jahr. Widmet es zu seinem Lobpreis und zur Ausrufung seiner Heiligkeit.

Gebet zum Jahreswechsel

Oh himmlischer Vater, Du allgegenwärtiger Gott,
wie schön ist es, Deine Gegenwart zu spüren!
Wir danken Dir für dieses Jahr des Lernens und
Verstehens.

Wir danken Dir für Deine Geduld und Hingabe,
in denen Du auf unsere Erkenntnisse wartest.

Wir danken Dir, oh Herr, für die stumme Stimme
Deines Rufes, die uns unaufhörlich in Deine Arme
bittet. Wir danken Dir für die Tage des Erkennens
und danken Dir für die Lichtstrahlen in unseren
Gedanken.

Wir danken Dir für dieses vergangene Jahr der
Lernaufgaben und Prüfungen.

Geliebter Gott, wir bitten Dich, sende uns wieder
die Strahlen der Liebe in das neue Jahr, damit wir
darin das Leuchten Deiner Liebesfackel erkennen,
die uns den Weg zu Dir weist. Wir werden nicht
müde werden, Deinen Worten zu lauschen und nach
Deinen Armen zu suchen, die uns auffangen möch-
ten. Unser Leben und das neue Jahr - wir legen es
in Deine Hände und bitten Dich um Deinen Segen.

Amen

Der Geist Gottes, die Zentralsonne aller Dimensionen und Universen

Ihr Menschenseelen wißt wenig über die wahren kosmischen Zusammenhänge und Wirkungen. Doch die Zeit des Verstehens rückt mit dem Lauf Eures Universums immer näher. Aus der Astronomie wißt Ihr, daß sich die Planeten um ihre eigene Achse drehen. Monde drehen sich um die Planeten und die Planeten wiederum um die Sonne. So ist es mit dieser Eurer Erde ebenfalls. Die Sonne Eures Erdensystems wiederum hat einen Stern als Pol, um den sie mitsamt ihrem System kreist. Soweit ist Euer Kenntnisstand der heutigen Zeit.

Wie Ihr wißt, besitzt die Sonne starke magnetische Kräfte. Angezogen von dem Mittelpol des Universums führt sie aber noch eine Bewegung aus, die sie in vielen Jahrtausenden in Richtung der Zentralsonne bewegt und auch genauso lang wieder von ihr entfernt. In einer Kreisbewegung umläuft jedes Sonnensystem dieses magnetische Zentrum. Angezogen von den gegensätzlichen Magnetpolkräften benötigt jedes Sonnensystem nach Eurer Zeitrechnung mehrere zigtausend Jahre. Ist das System an einem bestimmten Punkt angelangt, wird es wieder abgestoßen durch den zeitgleichen Wechsel der Polaritäten dieser Zentralsonne. So sind die Sonnensysteme wie Spielbälle, die sich um diese Zentralsonne bewegen. Doch um zu erfassen, daß dies alles zeitlos ist, müßt Ihr noch mehr von den Zusammenhängen verstehen. Denn alle Abläufe des Universums drehen sich zeitgleich um die Zentralsonne, welche der Geist Gottes ist. Sie ist das eigentliche Wesen allen Seins und besteht aus elektrischer und magnetischer Kraft. So sind die Sonnensysteme und die Übungsplaneten der Seelen in ihren Dimensionen eigentlich nur die Gedanken des Geistes in der Unendlichkeit des Universums. So ist diese Zentralsonne der Geist Gottes. Bewegt sich nun ein Sonnensystem auf dieses Alleins zu, so wird es und die darin lebenden Seelen durch die erhöhten magnetischen Felder in ihrem Geist erhellt, und die Zusammenhänge des Kosmos werden mehr und mehr für die Seelen erfaßbar. Es bewegt sich das System vom geistigen Zentralpunkt weg, so ist der Punkt des Nichterfassens der Seelen der, der am weitesten entfernt ist in der Umlaufbahn des Sonnensystems um die Zentralsonne. Mit dem Bewegen des Sonnensystems vom dunkelsten Punkt (jener, der am weitesten entfernt liegt) in Richtung der hell strahlenden Zentralsonne werden die Wesen und Seelen erleuchtet und umfassendere Kenntnisse über die kosmischen Gesetze erlangen. Man kann dies mit den Jahreszeiten Eures Erdplaneten vergleichen. Mit der über Jahrtausende hindauernden Bewegung auf das Sonnenzentrum zu steigt die Fähigkeit der Seelen, die kosmischen Zusammenhänge zu erfassen. Da nun aber die Dimensionen alle miteinander verbunden sind, sind sie in Ordnung des kosmischen Systems. Dies bedeutet, daß jene Universen, die in den Dimensionen in Richtung der Zentralsonne vor der Eurigen liegen, näher an dem einzigen Wesen der Zentralsonne und somit höher entwickelt in der allkosmischen Auffassungsgabe sind. Jene Wesen, welche in den Dimensionen hinter Eurer Erdendimension liegen, sind niedriger entwickelt. So sind die Universen und die Dimensionen hintereinander wie auf eine Schnurkette aufgereiht und umlaufen so die Zentralsonne. Dies geschieht alles im Moment des Augenblickes. Durch die Täuschung der Seelen und die Unkenntnis über die Materie und der kosmischen Qualität macht Ihr Euch selbst glauben, daß es

Zeit und Raum gibt. Doch was Ihr empfangt oder was Ihr zu sehen glaubt, ist nur das, was Euch Euer Entwicklungsstand gewährt, zu sehen. Euer Verstand gibt Euch also eine optische, räumliche, zeitliche, materielle Täuschung.
Jedes Atom besteht aus magnetischen Bestandteilen der Zentralsonne, und durch die Schwingung des Om-Lautes werden alle Universen und Galaxien in Bewegung gehalten. Die Seelen in ihren Welten sind auf verschiedenen Entwicklungsstufen, und Ziel ist es, mit dem höchsten Selbst, dem Heiligen Geist, zu verschmelzen und zu erkennen, daß der Weltraum und die Universen nur die Spiegel aus Elektrizität und Magnetismus sind, von Gott im Om-Laut erschaffen. Sie sind die Spielwelten für Gottes Seelenkinder, die sich erheben mögen aus dem Kreislauf der Wiedergeburt, um mit dem göttlichen Vater eins zu werden. So macht Euch bewußt, daß alle Materie mit der Kraft Eurer Gedanken erschaffen ist, um Euch die Welt zu spiegeln, wie Ihr sie zum Erleben braucht. Macht Euch auch bewußt, daß es fünf verschiedene Arten von Elektrizität gibt. Das Wort oder der Laut ist eine davon. Alles, was Ihr aussprecht, ist Laut, und der Laut schafft Existenz. Alles, was Ihr verlauten laßt, wird in Eurem Sein oder in einer anderen Dimension existent. Licht ist auch Elektrizität. So Ihr Licht in Eurem Leben zündet, so ist auch in Eurer Umgebung Licht. Licht und Farben habt Ihr in ihren Heilqualitäten erkannt. Doch auch die Gedanken sind Elektrizität. Die Intelligenz ist durch elektrische Ströme in Eurem Gehirn meßbar. So gibt es viele elektrische Energien, die Ihr nicht erfassen könnt. Die Zentralsonne bzw. die Allgegenwart Gottes ist auch mit zwei Kräften der Polarität ausgestattet; einmal die Anziehungskraft, zum anderen die Abstoßung. Wir können auch von Plus und Minus

sprechen. Die Anziehung ist der Heilige Geist und die allwissende Liebe, also das Licht. Die abstoßende Energie ist die Dunkelheit, sprich die Täuschung der Feststofflichkeit aller Wesen und somit das Vergessen um die kosmische Gesamtheit in Gott. So sind die einzelnen Dimensionen die Stufen, in denen die Seelen wiedergeboren und in denen sie – je nach geistigem Fortschritt – entweder angezogen oder abgestoßen werden. Hierbei ist aber jede Seele in Freiwilligkeit des Tuns. Denn Gottvater hat der Zeit unendlich, um seine Kinder in den Gottesschoß zu rufen. So ist das Universum oder das Weltall der Thron Gottes. Denn es trägt die Zentralsonne oder den Heiligen Geist. Eure Welt befindet sich in der Umlaufbahn des Sonnensystems auf dem Weg zur Gottesallgegenwart hin, und somit werdet Ihr mehr und mehr von den geistigen Gesetzen erfassen können. Würden wir Euch noch tiefer in die Erkenntnisse weihen, könnte das Euer Verstand nicht erfassen. So seid gewiß, daß Ihr auf dem Wege in ein hohes magnetisches Zeitalter seid und die Wunder und das Licht des Herrn in Eurer Entwicklung vor Euch liegen. Wahre Gottesgläubige, die durch Meditation und Stille das Licht Gottes in sich entzünden, können eins werden mit der Göttlichkeit und finden Allwissenheit in ihrem Geist. Dies liegt daran, daß Ihr mit fortgeschrittenem Kenntnisstand nicht mehr an die Welt des Feststofflichen glaubt. Ihr vergleicht Eure Erlebnisse mit den Träumen der Nacht und begreift, daß alles nur aus den Gedanken besteht. Jeder Gedanke, den Ihr habt, wird sich manifestieren. Glaubt Ihr, erfolgreich zu sein, werdet Ihr es sein! Glaubt Ihr, mittellos zu sein, werdet Ihr es ebenfalls sein. So werdet Ihr bald finden, daß das Leben mehr sein muß als nur die Manifestation Eurer Gedanken. Ihr werdet Euch aufmachen, die

Erkenntnisse des Universums zu ergründen. Ihr seid eins mit Gott und solltet schon heute mit Eurer Suche beginnen. Wenn Ihr festhaltet daran, daß die feinstoffliche Welt nur aus den Gedanken ist und eine Täuschung, und Ihr beginnt in Meditation nach der Energie Gottes zu suchen, dann werdet Ihr auf den rechten Weg gelangen. Ihr werdet das Tor zur feinstofflichen Welt betreten und in ihr weiter die Liebe Gottes leben, solange, bis Ihr eins mit dem Allgegenwärtigen seid. Nun, da Ihr die Dunkelheit kennengelernt habt, werdet Ihr um die Gnade und Schönheit des reinen Geistes wissen und die Erkenntnis finden. Gottes Licht ist Elektrizität, und da Ihr und alle anderen existenten Seelen eins seid mit Gott, mit dem Alleins, könnt Ihr seine Energien auch in Euch finden. Ihr könnt den Laut des Oms hören und das helle Licht Gottes sehen. Ihr könnt in fortgeschrittenem Zustand den Körper verlassen und fühlen, daß Eure Seele nicht aus einem festen Körper besteht. Dies ist Eure Erleuchtung, denn Euer wahres Ich ist Licht.
Gehet in Liebe und Licht mit allen Wesen, und schenket ihnen Euer Wissen und Eure Demut. Zürnet nicht mit ihnen, wenn sie nicht verstehen können um die Zusammenhänge. Sie sind in Freigang. Betet für den Frieden, und zündet das Licht des allgegenwärtigen Gottes in Euch und Eurem Hohen Selbst. Geht auf die Suche und erfragt Euch den Sinn des Seins. Gehet in die rufenden Arme des liebenden, gütigen und heiligen Gottes, dem Schöpfer allen Seins. Denn Ihr seid seine Gedanken in der Atemlosigkeit seiner Übungsgalaxie. Ihr seid im Hier und Jetzt. Ihr seid Geist und werdet zu Geist. Ihr seid Licht und werdet zu Licht. Wir gehen an Eurer Seite zu Eurem Verständnis und senden Euch das Licht und die Schwingung des Erkennens.

Die Bundeslade und ihre Wirkungsweise

Am Anfang war das Wort. Durch das Wort Gottes wurde die Welt erschaffen, die Ihr Erde nennt. Und durch das Licht seines Geistes und seiner Gedanken entstand die Materie. Das Wort Gottes ist der Laut des Om, und das Licht ist aus Elektrizität und magnetischen Schwingungen. Aus dem Om-Laut oder dem Wort Amen entstehen die Atome. Denn der Laut oder das Wort des Herrn sind eins. So sind die Welten, die Dimensionen, die Räume und auch die Zeit die Gedanken Gottes. So ist der Geist Gottes die Vereinigung von Anziehung und Abstoßung, d.h. vom magnetischen Kraftfeld der kosmischen Elektrizität. Der Laut Om und das Licht entstehen durch die elektromagnetischen Schwingungen, gleichso, als würdet Ihr einen Plus- und einen Minuspol einer Batterie aneinanderhalten. Es entstehen Licht (Funken) und Laut (knatterndes Geräusch). Dies ist die Schaffung des Lautes Om und des Lichtes. Die elektromagnetischen Kräfte kennt Ihr in der Physik. In den Atomen befinden sich Neutronen, Elektronen und Protonen. Die Materie setzt sich aus diesen Elementarteilchen zusammen. Die Protonen und die Elektronen ziehen sich gegenseitig an, denn sie besitzen eine elektrische Ladung. Das Proton ist positiv geladen und das Elektron negativ, wobei das Neutron die Neutralität ist. Um eine Einheit zu bilden, sind Proton und Elektron in der Regel in Gemeinschaft. Diese Anziehung oder magnetelektrische Kraft ist der Geist Gottes oder die kosmische Energie. Das Proton (+) ist ein ruhiges Teilchen, das sich mit positiver Ladung in Schwerfälligkeit befindet. Das Elektron (-) ist ein schnellbewegliches Teilchen, das durch die negative Ladung Schnellebigkeit erfährt. Hieraus leiten sich auch die

Wesens- und Charakterzüge des Menschen ab. Befindet sich ein Mensch in positiver Liebesschwingung, so erfährt er Ruhe und Ausgeglichenheit, während negativ tangierte Menschen ruhe- und rastlos hinter der Zeit herlaufen. Sie leben die Schnellebigkeit. Als Neutralisationsfaktor gibt es noch das Neutron, welches sich wegen der Ähnlichkeit der Trägheit zum Proton gesellt. So entnehmt der Bibel, daß Gott am Anfang Himmel und Erde schuf. Damit ist Proton und Elektron gemeint. So betrachtet Euch den Aufbau eines Wasserstoffelementes, das einfachste Eurer Elemente. Ihr seht, es besteht aus einem Proton und einem Elektron. Das ist gleich Himmel und Erde.
„Und der Geist Gottes schwebte auf dem Wasser". Das ist das Neutron, das sich als göttliche Kraft neutralisierend zum Proton gesellt. So entsteht mit zwei Protonen, zwei Elektronen und zwei Neutronen Helium. Füllt Ihr nun in einem physikalischen Test verdünntes Heliumgas in eine Gas-Entladungslampe, könnt Ihr elektrische Spannung nachweisen. Das Gas leuchtet beim Einschalten der Lampe auf. Und Gott sprach. „Es werde Licht". Ihr seht nun, daß der Nachweis der elektrischen Kraft ganz leicht nachzuvollziehen ist. Und Ihr habt den Beweis für den Geist Gottes in Euren chemischen Elementen und ihren Atomteilchen. Durch den Geist Gottes entstehen die Atome, Licht und Zeit. So entsteht durch das Wort Gottes (also dem Om-Laut, der entsteht durch die elektrische Kraft) die Materie. Die Anzahl der Elektronen stimmt immer mit der Anzahl der Protonen überein. So befindet sich die Welt immer im Positiv-Negativ-Gleichgewicht. So versteht, daß alles Sein aus magnetischer Energie und Schwingung ist. Klang oder Töne sind für Euch Menschen hörbar gewordene Schwingungen. Ein menschliches Ohr nimmt nur begrenzt

Töne und somit Schwingungen wahr. Hunde haben zum Beispiel eine andere Frequenz und hören intensivere und höhere Laute. In Eure Weltanschauung müßt Ihr integrieren, daß alles Sein, alle Existenz aus Schwingung und somit aus Klang oder Laut besteht. Elektrizität ist Schwingung, Schwingung ist Klang. Jede Blume, jede Pflanze, jedes Tier hat seinen eigenen Laut. Auch Ihr Menschen habt Eure eigenen Klänge. Sie sind nur für Euch nicht hörbar. Je nach Einstellung, Energiefeld und geistigem Stand schwingt und klingt Ihr unterschiedlich. Euer Körper in sich ist wie eine eigene Sinfonie. So können die Wesen in der geistigen Welt, die nicht an ein menschliches Gehör gebunden sind, diese Laute wahrnehmen. Am Gesang der Planeten erkennen die Erzengel, ob sie friedlich und ausgeglichen sind. Macht Euch bewußt, daß große Komponisten Eure Erdenwelt in ihrem eigenen Inneren als Musik der Erde empfanden und im Unterbewußten ihres Umfeldes wahrnehmen konnten. Sie haben den Schwingungsgrad oder den seelischen Zustand von sich selbst oder von ihrem Umfeld wahrgenommen und aufgeschrieben. So könnt Ihr Euch vorstellen, warum Eure heutige Musik so erdig und ungeistig ist. Dies ist, da Eure Welt den Materialismus und Krieg schwingt. Die Gedanken, die Sprache, der Intellekt schwingt sein individuelles Lied einer jeden Seele. Auch Geld singt das Lied des Materialismus. Waffen oder Kriege singen das Lied von Zerstörung. Eure Wissenschaft bestätigt Euch zum Stand Eures Jahrhunderts, daß alle Partikel des Universums durch ihre musikalische Qualität oder Struktur ihre persönlichen Eigenschaften erhalten. Die Radio-Teleskopie ist hierfür ein Anhaltspunkt der Wissenschaft. Mit großen Antennen seid Ihr in der Lage, die Schwingungen der Planeten oder Galaxien zu empfangen

und hörbar zu machen. Hierzu sei die Wichtigkeit dieser Radiostrahlen erklärt. Die Radiostrahlen natürlichen Ursprungs sind von der Schöpfung und somit von Gott in natürlichem Gleichgewicht gehalten. Im Ursprung der Schöpfung schwingt Euer Planet in Positiv- und Negativenergie und doch in Harmonie. So ist auch das gesamte Universum Eures Planeten und so sind auch die anderen Dimensionen in Harmonie. Dies seht Ihr daran, daß manche Atome in Tonleitern schwingen. Bei der Geburt eines Wesens aus Licht und Materie entstehen sogar Dreiklänge. In sich sind moll und Dur im Verhältnis ständig in Harmonie. So schwingen die Seelen und Wesen in Dur-Tonleitern, selten in moll-Tonleitern, in bestimmten Kirchentonleitern oder sogar in Obertonleitern. Die Protonen und Neutronen von Sauerstoff schwingen in Dur-Tonleitern. Denn Sauerstoff ist der Stoff Eures Lebens auf dem Erdplaneten. Jedes Teilchen und jede Materie besitzt seine Schwingung und seine eigene Melodie. Natürlich hat aber auch umgekehrt jede Schwingung und jede Melodie die Kraft der Erschaffung der Materie. So ist der Herzschlag Gottes oder der Odem des Lautes Om die Materialisation von Gottes Schöpfung.
Wir möchten Euch mit Nachdruck auf die Zusammenhänge der Schwingungen hinweisen. Mit der Frequenz des Lebens gibt es natürlich auch die Frequenz des Sterbens oder der Auflösung der Materie. Dies ist in natürlichem Gleichgewicht genauso wie Plus und Minus der Magnetkraft. Ihr könnt mit Hilfe der Radio-Karbon-Methode das Alter von Gesteinen bestimmen, da die Elemente an Hand ihres Verfallstatus Aufschluß darüber geben. Nach dem Tod einer Materie ändert sich das Elementarverhältnis, langsam abnehmend. Das bedeutet, daß die Töne und

Schwingungen der Materie erlöschen und leichte kosmische Schwingungen der Unendlichkeit erklingen. Verläßt die Seele den menschlichen Körper, so verklingt die Melodie der materiellen Verbundenheit, und die Sphärenklänge des ewigen Lebens erfüllen die Seele mit Licht und Liebe. Viele sterbende Menschen sprechen von dem Gesang der Engel, den sie hören. Dies ist nichts anderes als die eigene Melodie der Wiedergeburt und der Erhebung der eigenen Seele ins Licht, die sie wahrnehmen. Die Verbundenheit mit der Materie wird erlöst und klingt wie der Chor der Befreiung und Erlösung. Von großer Wichtigkeit ist der Umgang mit diesen Schwingungen der materiellen Auflösung in Eurem Umfeld. Das Lied des Sterbens oder des materiellen Zerfalls schwingt jedes Lebewesen oder jede Materie, die materiellen Zerfall durchlebt. Im Regelfall ist dies ausgewogen und in Harmonie des Seins. Doch stellt Euch einmal vor, was sein würde, wenn durch künstliche Einwirkung der Zerfall der Elemente beschleunigt würde, und das in Mengen, die nicht in Harmonie mit der Schöpfung sind. Entzündet Ihr ein Feuer und erwärmt Euch daran, um zu überleben, ist das notwendig und befindet sich in Einklang mit der Harmonie der Schöpfung. Somit gerät auch das Harmonie-Gleichgewicht Eures Planeten dadurch nicht aus den Fugen. Doch was wäre, wenn Ihr mit Hilfe negativer Strahlung Elemente zum Zerfall bringen würdet, um Strom zu gewinnen und dadurch Luxus und Materie zu gewährleisten ? Strom habt Ihr mehr als genug, und doch produziert Ihr ihn künstlich. Die Schwingung des Zerfalls im Überfluß ergibt eine disharmonische Qualität Eures Planeten, wenn Ihr Kernreaktoren betreibt und Atomwaffen herstellt. Je größer die Menge der Atombomben und chemischen Waffen ist, die Ihr besitzt, desto mehr singt Euer

Planet die wehmütige Melodie der Zerstörung. Das bedeutet, daß durch die Materialisation der künstlichen Zerstörung und durch deren Schwingung Euer Planet aus dem Gleichgewicht kommt. Überschwemmungen, Katastrophen, körperliche Erkrankungen nehmen zu. Viele Krebsgeschwüre rühren vom Klang der Zerstörung, der durch Eure Welt hallt. So steuert Ihr auf die Zerstörung Eures Planeten zu, solltet Ihr Euch die Wirkung dieser Kräfte nicht bewußt machen. Berieselt Ihr Pflanzen mit klassischer Musik, die aus einer Zeit stammt, in der Eure Welt noch mit Schönheit und positivem Klangfeld existiert hat, so werden sie wachsen und gedeihen. Hingegen bei Klängen aus Eurem jetzigen Jahrhundert, welche die Materialisation der Zerstörung schwingen, werden sie verkümmern und sterben. Was für Pflanzen und Tiere gilt, gilt auch für Menschen. Denn sie alle sind Wesen des Lichtes und somit eins.

Um eine Aktivierung der Lebensfreude und der Bewußtwerdung zu fördern, können die Menschenseelen mit heiliger Musik die Positivität in ihrem Umfeld und ihrem Unterbewußtsein säen. Durch die Kontaktaufnahme mit dem Hohen Selbst und der Schulung der Gefühlsfähigkeit können die Töne der Seele erspürt und nachempfunden werden. So empfindet Ihr Musikrichtungen unterschiedlich und könnt daran die Gefühlsfähigkeit und Ausgeglichenheit Eurer Seele erkennen. Mit der Annahme von heiliger Musik nehmt Ihr die Heiligkeit Gottes und seiner Schöpfung in Euch selbst an und bringt die Tonleitern der Göttlichkeit zum Klingen. Am besten geht das mit der indischen klassischen vedischen Musik, die die momentan heiligste musikalische Schwingung darstellt, die Euch bekannt ist. Doch die allerheiligste Melodie der Erde ist die

Melodie Gottes, der Om-Laut. Durch die Schwingung des Oms wird die Göttlichkeit in Eure Welt getragen. Mit dem Singen von Om verbindet Ihr Euch mit Gottes Licht und Liebe und gebt Eurer Seele göttlichen Frieden. Durch die Schwingung Om werden Eure Wünsche, Gedanken und Hoffnungen Materie. Alle positiven Gedanken, Gebete, Hoffnungen werden durch den Om-Laut in den kosmischen Äther getragen und können materialisiert werden.

Doch was hat dies alles mit der Lade des Bundes zu tun? Alles beginnt damit, daß Moses durch Meditation und Gebet mit Gott Zwiesprache hielt und den Laut des Om vernahm. Auch wußte er, daß mit dem Om-Laut die Materialisation der Gedanken möglich wurde. Die kosmische Kraft wurde ihm in Meditation offenbart und geöffnet. Dies hielt ihn jung in Kraft und Geist. Mit Konzentration und der Kraft des Glaubens konnte er Wasser teilen, Berge versetzen und ähnliche Wunder vollbringen. Er konnte sogar das Wort Gottes, den Laut des Om, für sein Volk auf dem Berg Sinai hörbar machen, indem er die Materie verdichtete und veränderte. So schuf er ein Tor zum göttlichen Laut (2. Buch Mose 20, Vers 18), um seinem Volk Gottesgegenwart zu offenbaren. Moses verstand sich auf die Anwendung von Gedankenkraft und kosmischer Energie. Das Zweifeln seines Volkes und die Furcht vor dessen Abkommen von Gottes Wegen nach seinem bevorstehenden Ableben bewegte ihn, etwas zu schaffen, das bis in alle Ewigkeit von Gottesgegenwart zeugen würde. Ein Beweis für Gottes Existenz, Liebe und Kraft sollte die Kinder Israels bis in alle Ewigkeit begleiten. Lange suchte er nach einer Möglichkeit, die kosmische Kraft und den Laut Om für die Nachwelt haltbar zu machen und somit für alle Zeit gegenwärtig. Doch wie sollte er dies tun, ohne sich gegen Gottes Willen zu versündigen ? Mit der Übergabe der 10 Gebote schuf er die ersten Regeln, die sein Volk auf tugendhafte und gottesgläubige Pfade lenken sollten. Zur Bekräftigung der Gebote, die er der damaligen Zeit entsprechend ausführte, benötigte er noch einen sichtbaren Beweis, daß diese Gebote das Wort Gottes sind. Er wußte aber, daß nur der Laut des Om und die immerwährende Schwingung der Glückseligkeit Gottes Nähe zeugen. Dies konnte er nicht in den Seelen der Menschen zünden, denn damit hätte er ihrer Entwicklung vorgegriffen. Durch seine prophetischen Fähigkeiten erkannte er, daß sein Volk einen Beweis für Gottes Größe und Liebe benötigte, um seine Allgegenwart zu achten und zu suchen. Der weise und hellsichtige Moses schuf die Gesetztafeln aus Stein und versah sie mit der heiligen kosmischen Schwingung des Om-Lautes. Im Stein der Gesetzestafeln versenkte er 7 reinste Bergkristalle, die er mit den Energien des Om-Lautes und dem Wissen des reinen Geistes auflud und sie bespeicherte, auf daß sie bis in alle Ewigkeit die heilige Schwingung und Energie Gottes strahlen sollten. Er verpackte sie durch Dematerialisierung der Steinplatten in unscheinbares Gestein, damit nicht Gier und Diebstahlsucht die Kristalle auseinanderbringen sollten. Die Energien der Kristalle waren so programmiert, daß durch Gebet und Meditation vor der Lade des Bundes und den Gesetztafeln der direkte Kontakt mit dem Laut Om hergestellt und somit der Kontakt mit der Göttlichkeit und Allgegenwärtigkeit der Gottesliebe möglich wurde. Dies sollte den Glauben seines Volkes bis in alle Ewigkeit festigen und auf Gottes Pfaden halten. Die Bundeslade und die Gesetztafeln waren geboren zum Lobpreis des Herrn und seiner Heiligkeit. 7 Erzengel sandten ihre Kraft in die Kristalle, um mit dem Wort Gottes Frieden, Liebe und Gottes Licht unter die Menschen zu tragen. So hatten die Gesetztafeln göttliche Kräfte. Durch Gebete und Anrufungen direkt in den Äther und direkt in die Schwingung des Lautes Om gelangen mit dem Willen Gottes Heilungen, Läuterungen und Wunder vielseitiger Art. Die Lade mit den Gesetztafeln wurde unter den Völkern und Stämmen herumgereicht und diente als heiliger Quell der Gottesgegenwart. Sogar gestohlen wurde der Quell des Heils, doch wurde er immer wieder zurückgeführt an den Ort seiner Bestimmung – Jerusalem. Zu Zeiten König Salomons erlebten die Lade des Bundes und die heiligen Kristalle in den Gesetztafeln die größte Bedeutung als Heil- und trostspendender Quell. König Salomo baute den Tempel des Lichtes in Jerusalem und nutzte die Kraft der Lade und der Gesetztafeln. Salomon, der weise und prophetische Magier, erkannte den Schatz des heiligen Wissens in den Gesetztafeln und nutzte ihn für den Bau des Tempels des Heils. Durch die Aktivierung des Energiefeldes der Materienverdichtung, die in der Bibel als Wolke mit Blitz und Donner beschrieben wird, erzeugte er ein Kraftfeld, durch das er Zugang zum Wissensspeicher der Kristalle erhielt. Durch die Nutzung des heiligen Om-Lautes und die Aktivierung des Wissensspeichers war es ihm möglich, ein ausgeklügeltes System zu schaffen beim Bau des Tempels des Herrn. Durch die Nutzung von Kupfer als Leiter elektrischer Kraft schuf er einerseits eine Hochsicherheitsanlage für die Aufbewahrung der Bundeslade. Andererseits errichtete er einen Ort des Heilens, des Gebetes und der Gottesgegenwart. Der Bau des Tempels ist in der Bibel ausführlich beschrieben (Erstes Buch der Könige 6,1-37), nur der Verwendungszweck wird nicht offengelegt. Dies gehörte zur Politik der Geheimhaltung Salomons, da sonst jeder die Pläne seines Sicherheitstraktes durchschaut hätte.

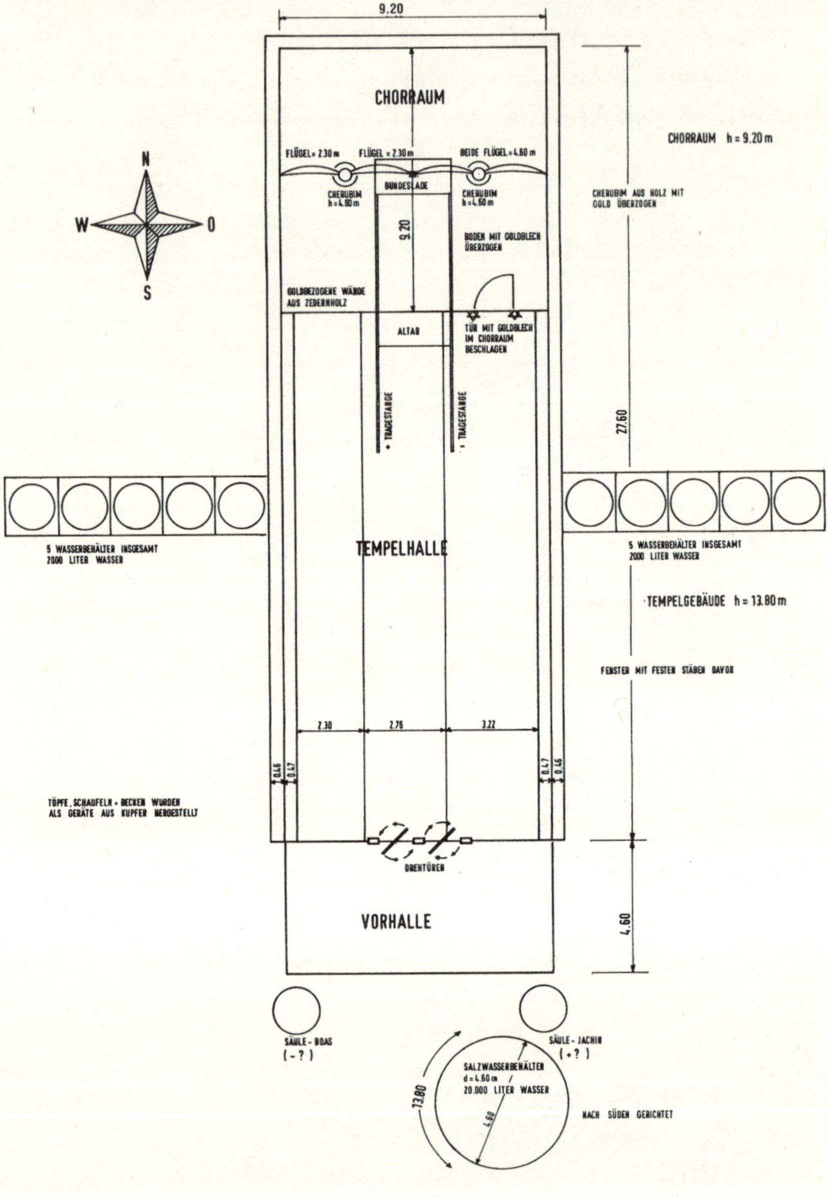

Rekonstruktion des Tempels Salomons im Grundriss

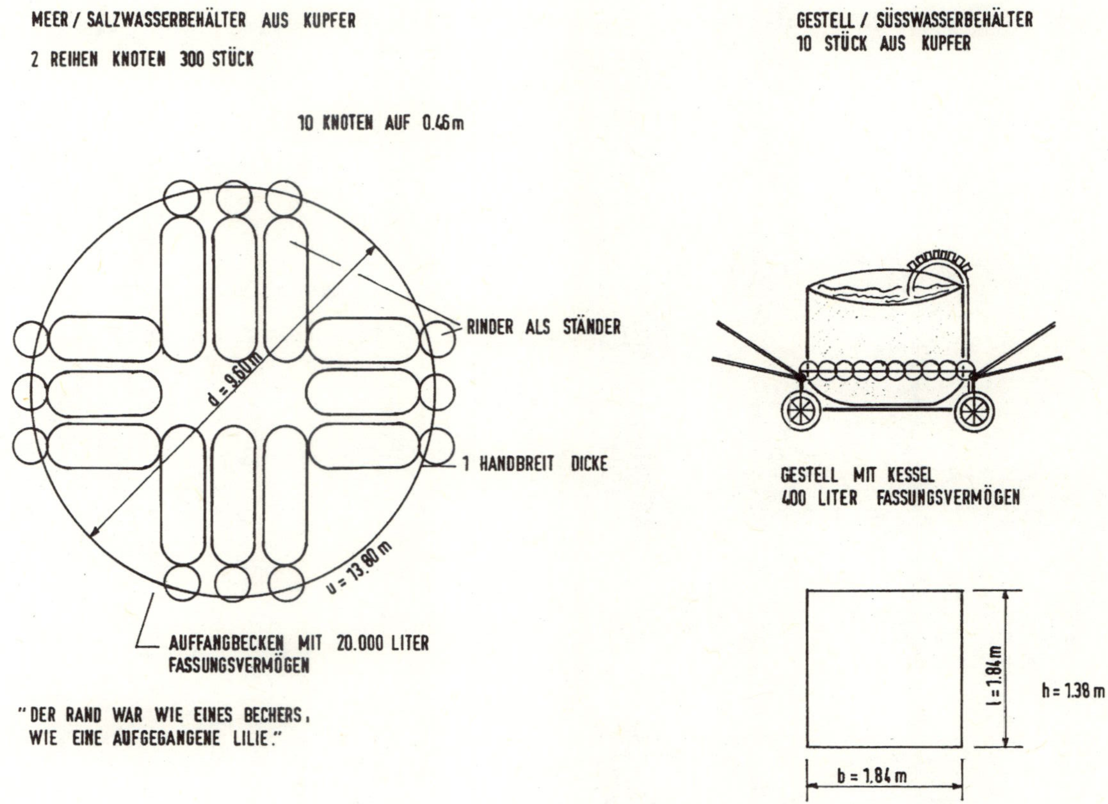

Wasserbehälter als Badebecken für galvanische Bäder

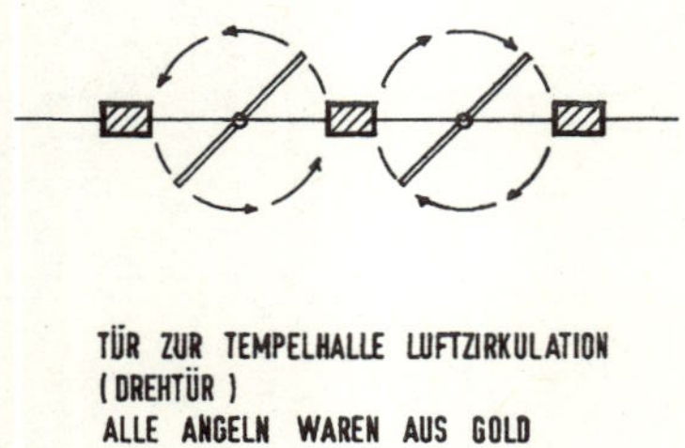

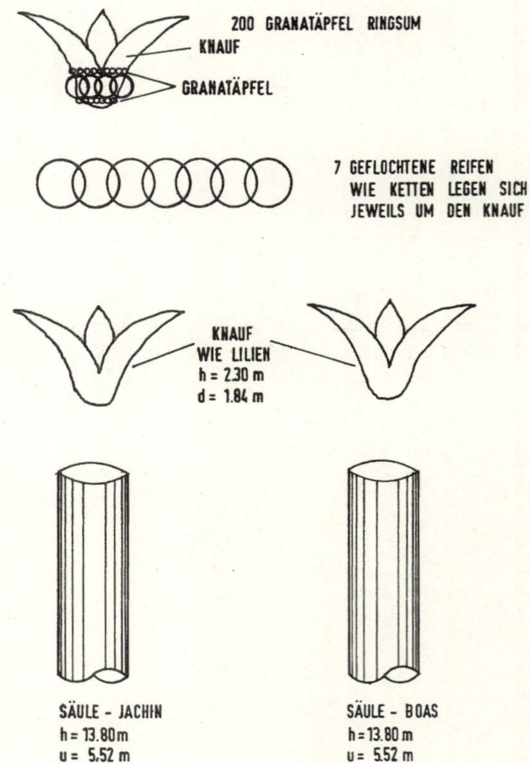

Eine Drehtür als Luftzirkulierer und die Säulen als Laternen vor dem Tempel

Der Chorraum oder das Allerheiligste war mit Gold ausgekleidet. Auch die 2 Cherubime aus Zedernholz waren mit Gold ummantelt. Hier war ein nach dem Verständnis Eures Jahrhunderts Faradayscher Käfig erbaut. Die langen Stäbe, die in die Tempelhalle reichten und ebenfalls aus Kupfer waren, wurden von einer Tauchbatterie mit Strom gespeist. Ebenso gab es ein ausgeklügeltes System von Kupfer- und Bleirohren, durch die Wasser und Wasserdampf in das Innere des Tempels und in die Tempelhalle geleitet wurden. Durch Hitze entstand Dampf, der im Inneren der Tempelhalle wiederum die elektrischen Energien leitete. So sprangen von der linken zur rechten Stange Funken, die als grünliches Licht wahrzunehmen waren. Stand die Lade derart unter Strom, war sie des Nachts gesichert und uneinnehmbar. Auch die beiden Säulen vor dem Tempel, Jachim und Boas, wirkten mit Strom. Der riesige Salzwasserbehälter (das Meer) diente als ionisierte Leitflüssigkeit. Die Säulen leuchteten des Nachts als dreifältige Flammen vor dem Tempel des Heils. Für die Menschen um 955 v. Chr. eine Sensation (Das Erste Buch der Könige 7, Vers 13)! Die Wasserbehälter an der Seite des Tempels des Heils wurden für Waschungen und Reinigungen genutzt, die nicht nur Körper, sondern auch Geist der Gottesgläubigen erhellten. Die Kraft der Symbole war dem magischen König Salomon ebenfalls bestens vertraut.
Doch erst wollen wir näher auf die Wirkungsweise der Anwendungen der Elektrotherapie zur Zeit Salomons eingehen. Durch den Ausbau der Handelswege gelangte der weise König an die Materialien Kupfer, Gold, Silber, Eisen , Zinn und Blei. Sie wurden aus Tarschisch und Kedar angetragen auf Schiffen und mit Karawanen (Hesekiel 27). Durch die Kraft der Symbole nutzte Salomon den Wissens-

speicher der Gesetzestafeln des Moses und den darin enthaltenen Kristallen. Die innere Sicht und das innere Hören durch Aktivierung des Om-Lautes waren seine Mittel, um den Schatz des Wissens zu erfassen. Granatäpfel preßte er zu Most und nutzte den starken Zitronensäuregehalt zur Heilung von Krankheiten, die auf Vitamin-C-Mangel zurückzuführen waren (Hohelied Salomons 8, Vers 2). Die Gewinnung von Blei in gediegener Form, so, wie es für Rohre zu verwenden ist (auch die Römer nutzten Bleirohre; ein Vermächtnis des großen Salomons!), erfolgt durch Rösten von Bleiglanz, worin Blei an Schwefel gebunden ist. Die entstehende Schwefelsäure als Abfallprodukt nutzte der weise König für seine Tauchbatterie. Kupfer, Blei, Zink und Schwefelsäure, richtig angewendet und mit den in der Bibel als heilige Geräte aus Kupfer bezeichneten Gegenständen entsprechend bearbeitet, dienten der Stromgewinnung. Durch Kupferdrähte zu den Badebehältern geleitet, verwendete Salomon den Strom zur Elektrotherapie. Seine Heilerfolge verschafften ihm und dem Tempel des Heils Ruhm und Reichtum im ganzen Lande. Die Säulen Boas und Jachin waren große Volta'sche Säulen, die obenauf Kohle enthielten, die zum Leuchten gebracht wurde. Töpfe, Schaufeln und Becken aus Kupfer wurden zum Wegschaffen der Abfallprodukte verwendet, die durch die Oxydation bei der Stromgewinnung entstanden. Luftzirkulation wurde durch die angebrachten Drehtüren an der Vorhalle des Tempels gewährleistet. Die Lade wurde geschützt aufbewahrt im Allerheiligsten, dem Chorraum. Durch Strom wurde der Zugriff darauf verwehrt. Erst mit der Zerstörung des Tempels unter Nebukadnezar verschwand die Lade. Mit der Verbannung des jüdischen Volkes wurde auch Salomons Tempel bis auf die Grundmauern zerstört, und die heiligen

Geräte samt Bundeslade verschwanden aus Jerusalem und wurden nach Babel gebracht (Das Zweite Buch der Chronik 36). Der Prophet Esra nutzte die Kraft der Gesetzestafeln im Exil (Das Zweite Buch der Könige 25), um ein Gesetzbuch zu entwickeln und aufzuschreiben. Er erhielt die Möglichkeit des Studiums der Gebotstafeln, wobei die Originale mit der Verbannung in Babylon verblieben. Dort befindet sich die Lade des Bundes noch heute. Der genaue Standort unterliegt der Geheimhaltung, um Mißbrauch zu vermeiden. So suchet in Euch die Schwingung des Om-Lautes und das Licht Gottes, damit Ihr in Euch den Quell des Heils findet. Ihr werdet in der Liebe Gottes und seiner Allgegenwart Frieden finden.

Edelsteinessenzen als Hilfe im geistigen und körperlichen Fortkommen

Die Wirkungsweise von Edelsteinen auf den menschlichen Körper ist von alters her und auch in der Wissenschaft Eurer heutigen Zeit ausführlich belegt und besprochen. Die Wirkung von Edelsteinen auf den menschlichen Organismus und die kosmische Seele wird schon in der Bibel erwähnt. Selbst der Thron Gottes wird in der Offenbarung des Johannes mit den Farben von Edelsteinen beschrieben (Sarder, Jaspis und Rubin).

Die Edelstein-Essenz ist eine Hochpotenz der Heilqualität der Edelsteine auf körperlicher Ebene. Mit ihrer Wirkungsweise im Feinstofflichen löst sie direkte Prozesse in Geist und Seele und somit auch im Körper aus. Während der Edelstein in seiner materiellen Struktur auf den feststofflichen Körper wirkt, erhellt seine Essenz den Geist und die Seele in einer Schwingung, die feinstofflicher ist als die der körperlichen Ebene.

Wird ein Edelstein direkt am Körper getragen, dann wird sein Wirkungsfeld immer direkt über den Körper auf den Geist ausgelöst. Liegt eine Blockade lediglich im geistig-seelischen Bereich vor, ist eine Wirkung auf den Körper nicht nötig, wenn nicht sogar störend. Hierbei ist die Edelstein-Essenz eine optimale Möglichkeit, eine energetische Wirkung unter Ausschluß der körperlichen Ebene die feinstoffliche Ebene zu harmonisieren.

Solche Hilfsmittel ersetzen selbstverständlich nicht den Arzt, Heilpraktiker oder Therapeuten. Sie sind als lichtenergetische Hilfestellungen zu verstehen. Edelsteine sind in ihrer Wirkungsweise und ihrer kosmischen Aufgabe eins mit dem numerologischen Verhältnis der Atome. Die

Anzahl der Protonen in einem Mineralstoff ist zusammenhängig mit der Zahlenkraft der Numerologie. So ist es möglich, an Hand genauer Berechnungen die Mineralstoffe zu ermitteln, die für körperliches und geistiges Wachstum von Wichtigkeit sind. Diese Berechnungsmethode ist ebenfalls auf Edelstein-Essenzen anzuwenden. Es ist von kosmischer Klarheit, daß die kristallinen Systeme von Edelsteinen in kubische, hexagonale, trigonale, tetragonale, rhombische, monokline, trikline und amorphe Verhältnisse zu unterteilen und auch auf die numerologische Einheit der kosmischen Seele zu übertragen.
Der allbestehende Geist und das kosmische Alleins bestehen aus Atomzahl, Laut, Schwingung, Farbe und dem göttlichen Bewußtsein. Es ist im Sinne der kosmischen Schöpfung, daß sich die Materie des Körpers nach der numerologischen Seelenqualität des Geistes ausbildet. Die Geburt, das Leben einer Seele ist numerologisch zu erfassen, denn alles ist erstanden in göttlicher Logik und in göttlichem Plan. Jedes Mineral setzt sich aus numerologischen Bausteinen zu Heil- oder Edelsteinen zusammen, die mit kosmischer Kraft und in der göttlichen Einheit auf Körper und Geist der menschlichen Seele wirken. Denn sie materialisieren jenes, was in der Bestimmung und Schwingung der betreffenden Seele aufzulösen, zu erlösen oder zu fördern ist.

Achat

Die Wirkung des Achates im Geiste ist die Förderung der Meditation. Die Konzentration, Ruhefindung und Steigerung der geistigen Entwicklungsfähigkeit wird durch die

Ausgleichung der Aura gefördert. Er vermittelt Schutz, Sicherheit, Konzentration, Stabilität, Harmonie. Auf körperlicher Ebene ist er eine Hilfe bei Darmbeschwerden, Unterleibserkrankungen, Hauterkrankungen und Bindegewebsschwäche.

Aktimolith
Die Wirkung des Aktimolith im Geiste ist die Förderung von Veränderung und Neu-Orientierung, die Steigerung des Selbstwertgefühls, der Ausgeglichenheit der Seele und der Erkenntnis in geistigen Prozessen sind die Hauptthematik dieses Steins. Auf körperlicher Ebene ist er hilfreich bei der Reinigung des Körpers und unterstützt innere Organe wie Leber und Nieren.

Amazonit
Die geistige Unterstützung dieses Steins stärkt die Anbindung an die geistige Welt und fördert besonders das Vertrauen und die Suche in und nach Gott. Er steigert die Intuitionsfähigkeit und hilft bei Stimmungsänderung oder starker Trauer. Auf körperlicher Ebene fördert er Entspannung und wirkt krampflösend. Er beeinflußt das Nervensystem positiv und stärkt die Drüsentätigkeit. Er harmonisiert die Tätigkeit aller inneren Organe.

Amethyst
Die Klarheit des Geistes und das Wachstum des spirituellen Fortschrittes wird durch die Kraft dieses Steins unterstützt und gefördert. Er schenkt die Konzentration auf das

Gute im Leben und stärkt den Gerechtigkeitssinn. Er fördert Frieden und Weisheit. Körperlich schafft dieser Stein Lösung und Erlösung von Hautkrankheiten, Nervenleiden. Er ist schmerzlindernd und fördert die Ausscheidungsorgane, speziell den Darmbereich.

Ametrin
Die Klarheit des Geistes und die bewußte Lebensfreude und der Wunsch nach spirituellem Fortschritt wird durch die Kraft und Polarität dieses Steins gefördert. Inneres Gleichgewicht und Harmonie werden durch Wachheit und Gottesbewußtsein gefördert. Hierdurch entsteht Lebensfreude. Körperlich reinigt der Ametrin die inneren Organe und stabilisiert das Nervensystem. Er nimmt starken Einfluß auf den Solar-Plexus, das zweite und das dritte Chakra.

Antimonit
Der Stein der Zielfindung oder Erfindung der Geradlinigkeit hilft im Seelischen, Sprunghaftigkeit und Ziellosigkeit aufzulösen. Er fördert Rationalität, sachliches Denken und die Einsicht in die Einheit allen Seins. Er offenbart die Schöpferkraft und eröffnet die Sichtweise für die kosmischen Zusammenhänge. Unkontrollierte Gefühle werden in die richtigen Bahnen gelenkt, und der Sinn für geradlinige Kreativität wird zentriert. Er öffnet die Augen für den Sinn des Seins und fördert die Kommunikationsfähigkeit. Im Körperlichen ist dieser Stein gegen Augenkrankheiten, Geschlechtskrankheiten, Magen-Darm-Reizungen und Hautkrankheiten zu empfehlen.

Apatit

Geistig erfrischend und belebend fördert er die Magnetfeldaktivität des menschlichen Körpers. Durch den vermehrten Fluß der Gotteskraft wirkt er seelisch und geistig aufhellend und macht den Sinn für Lebendigkeit und Lebensfreude bewußt. Geist und Körper werden mit Energie versorgt und steigern die bewußte Lust am Leben. Körperlich wirkt er appetitanregend, zellerneuernd und fördert die Heilung von Verletzungen oder Knochenbrüchen. Durch die Erhöhung der Lebensfreude lenkt er von Schmerzempfindung ab.

Apophyllit

Die bewußte Reinigung des Geistes und die Klärung des Bewußtseins wird durch diesen Stein gefördert. Er wirkt dabei erleichternd und nimmt direkten positiven Einfluß auf Gefühle. Er fördert Vertrauen, Offenheit, Ehrlichkeit und schafft Freiheit des Geistes. Im Körperlichen sorgt er für befreites Atmen und nimmt Einfluß auf die Stabilisierung des Nervensystems. Durch Ausgleich des Hormonhaushaltes wirkt er stimmungsaufhellend.

Aquamarin

Die geistige Klarheit und die Erkenntnis der Gottesgegenwart werden durch die Förderung der Intuition erweckt. Das Vertrauen auf die innere Stimme und die Anbindung an die kosmische Kraft fördern Hellsichtigkeit und Medialität. Aquamarin fördert den Fluß der Gefühle und verhilft zu Leichtigkeit in Gedanken und Gefühlen. Im Körperlichen regt er die Drüsentätigkeit an und reguliert so den Hormonhaushalt. Er fördert die Harmonie des Nervensystems und stärkt die Sehkraft.

Aragonit
Aragonit fördert die Einfachheit der Gedanken. Er stärkt das Bewußtsein für die Wiedergeburt und das Finden in Gottes Liebe und Allgegenwart. Er wirkt stabilisierend und erdet bei zu schnellem geistigen Wachstum. Er fördert die Sanftheit und Bescheidenheit. Das Ego wird in Demut und Sanftheit zu Toleranz und Brüderlichkeit geführt. Aragonit wirkt erwärmend und nimmt so direkten Einfluß auf die Verbrennung im Körper. Er fördert die Verdauung und regt den Stoffwechsel an. Außerdem gleicht er Calciummangel aus und wirkt aufbauend bei Stimmungsschwankungen oder Depressionen.

Aventurin
Aventurin fördert das Gelingen von Entwicklungsprozessen und macht offen für Glückseligkeit. Er fördert die Individualität und den Glauben an sich und seine Erfolge. Er macht selbstbewußt und offen für Lösungswege und Impulse von außen. Er stärkt den gesamten Organismus und fördert Herzensgüte und Lebensfreude. Durch die Stärkung des Selbstbewußtseins hat jener Stein starke Heilwirkung, denn durch den Glauben an sich selbst und die Verstärkung des Lebenswillens regt er die Abwehrkräfte an und stärkt das Immunsystem. Dadurch wirkt er entzündungs-

hemmend, lindernd auf Hautkrankheiten und Erschöpfungszustände. Er beugt Bindegewebsschwäche vor und stärkt das Herz. Er hilft bei Depressionen und fördert die Wundheilung.

Azurit

Azurit fördert die Friedensfähigkeit und stärkt den Wunsch nach geistiger Vollkommenheit. Er stärkt die innere Gefühlsfähigkeit, Bewußtwerdung und Selbsterkenntnis. Er fördert die meditative Seite des Seins und stärkt den Glauben an die eigene Göttlichkeit. Auf körperlicher Ebene unterstützt er die Schilddrüse, gleicht Funktionsstörungen und Disharmonien der Leber aus und fördert die Reinigung des Körpers durch die ernergieerhöhende Wirkung.

Baumachat

Die Stärkung der eigenen Kraft des Geistes, die Stabilisierung und Förderung der inneren Mitte obliegt diesem Quarz. Durch die Stärkung von Selbstwert und Selbstachtung gelangt der Anwender dieser Essenz zu Ruhe und Selbstvertrauen. Sie verstärkt die Findung in die eigenen Fähigkeit und fördert eine stabile Gesundheit. Nicht nur die geistige Abwehrfähigkeit, auch die körperliche wird gestärkt. Somit fördert er das Immunsystem.

Bergkristall

Der kristalline Quarz ist der Speicher von Energien schlechthin. Er fördert im Sprituellen das geistige Fortkommen – öffnet die Wahrnehmung und das Verstehen für die allgegenwärtige Gottesliebe. Er schafft Klarheit und Reaktivierung geistiger Fähigkeiten. Er hilft bei der Entdeckung der eigenen grenzenlosen Fähigkeit, Gottes Gegenwart zu spüren und die göttlichen Energien in sich wirken zu lassen. Körperlich harmonisiert er die Gefühlsfähigkeit, gleicht die Tätigkeit der Hirnhälften aus und gibt Energie in Nerven und Drüsen. In natürlicher, nichtprogrammierter Form verstärkt er die Wirkung anderer Steine.

Bernstein

Bernstein erhellt mit der Farbe der Göttlichkeit – Gold – die Seele und das Bewußtsein. Er schenkt somit Freude und Glückseligkeitsgefühl. Er stärkt den Glauben an die Verbundenheit mit der Gottesgegenwart. Das macht selbstsicher und selbstvertrauend. Er fördert Kreativität und Idealismus. Körperlich unterstützt er die inneren Organe, da er ins innere Gleichgewicht führt. Er hilft bei der Wundheilung und stärkt Schleimhäute.

Beryll

Er unterstützt Weitsicht, Zielstrebigkeit und Lebensfreude, indem er die eigene Körperharmonie spürbar und stabil macht. Er macht dynamisch und aktiv, hilft bei der Verwirklichung von Lebenszielen. Er hilft, die richtige Sichtweise des eigenen Selbst zu erkennen. Er wirkt körperlich entgiftend und stärkt die Augen.

Biotit-Linse

Das sind die Steine der Wiedergeburt und des sprunghaften Weiterentwickelns. Sie lösen Blockaden in der geistigen Entwicklung, geben aber auch ruckartig Anstöße zur körperlichen Genesung. Sie verdeutlichen das kosmische Lebensprinzip, wenn man ihre Entstehung betrachtet. Durch die wärmende Energie der Sonne sprengen sie das Gestein um sie herum, indem sie sich ausdehnen. So machen sie bewußt, daß in allen Körpern der Kern des Göttlichen liegt und daß durch die wärmende Energie der Gottesliebe und Allgegenwart die Seele wächst und die begrenzenden Hüllen der Körperlichkeit ablegen kann. Sie fördern so die Selbstverwirklichung und die Verbindung mit der Göttlichkeit. Sie stimulieren Kreativität und Intuition. Ebenso helfen sie ungeborenen Seelen, die Hindernisse der Wiedergeburt zu sprengen. Sie lösen demnach Wehentätigkeit aus und wirken geburtseinleitend. Starke Prozesse des körperlichen Loslassens werden gefördert (zum Beispiel Verstopfungen).

Boji's

Diesen Steinpaaren obliegt die Erzeugung eines natürlichen Magnetfeldes. So sie im Körperbereich angewendet werden, lösen sie dort Blockaden durch Harmonisierung des elektromagnetischen Feldes. Auch in Geist und Seele werden Hindernisse in Gedanken und Verhaltensmustern aufgelöst. Dort ist ihre Wirksamkeit sehr stark. Sie potenzieren Emotionen und Gefühlswelt, um auf Verhaltensmuster aufmerksam zu machen.

Calcit

Calcit ist mit seinem Anteil an Kalk für die Stabilisierung von Selbstvertrauen und Selbstwertgefühl zuständig. Kalk festigt die Stabilität und das Sicherheitsgefühl im Materiellen und fördert den Entscheidungswillen. Im Körperlichen wirkt er knochenbildend, regt den Stoffwechsel an und lindert Herzbeschwerden.

Chalcedon, blau

Wegen seiner wunderbaren Ähnlichkeit mit Luft und Wasser - durch die Farbkombination Blau/Weiß - macht er die Freude am Leben bewußt. Er fördert Intuition und Aufmerksamkeit sowie Ausdrucksvermögen und Überzeugungskraft. Er beeinflußt die Bewußtheit über die eigene Göttlichkeit und festigt den Charakter. Er vermittelt Lebensfreude und Ausgeglichenheit. Körperlich versorgt er die Lungen mit Sauerstoff und verschafft Abhilfe bei Kopfschmerzen, die auf Wetterfühligkeit zurückzuführen sind. Er wirkt zellfunktionsfördernd und leitet somit Wasser aus dem Körper. Somit hilft er bei Wassereinlagerungen in den Beinen, fördert Drüsentätigkeit und regt das Immunsystem an.

Chalcedon, Dendrit

Er wirkt ähnlich wie bei Chalcedon, blau, ist nur erheblich mehr an der Auflösung feinstofflicher Blockaden beteiligt. Er löst dunkle Felder oder Unterversorgung des Körpers durch Energieblockaden auf. Ebenso fördert er die Lebensfreude und schützt vor Beeinflussungen von außen, stärkt so das Selbstbewußtsein.

Chalcedon, Kupfer

Durch den Kupfergehalt stärkt er das Immunsystem, reguliert den Wasserhaushalt und erhöht die elektrische Leitfähigkeit des Körpers. Hierdurch regt er die Entgiftung an, klärt und reinigt Schleimhäute sowie innere Organe. Er vermittelt sprühende Lebensfreude und macht die Wirksamkeit der göttlichen Energien bewußt.

Chalcedon, rosa

Er verbindet die Lebensfreude und Energiebewußtheit mit der göttlichen Liebe. Mit ihm wird nicht nur der Stoffwechsel, die energetische Leitfähigkeit des Körpers, sondern auch die Bewußtheit über die allgegenwärtige Gottesliebe verstärkt. Er stärkt das Herzchakra und fördert die Funktionskraft des Herzens, der Lymphdrüsen und des Hormonhaushaltes. Er beeinflußt Herzlichkeit, Liebesfähigkeit und Brüderlichkeit. Er vermittelt tiefes Gottvertrauen.

Chalcedon, rot

Er stärkt den Energiefluß und kräftigt das kosmische Bewußtsein. Er fördert die eigene Willenskraft und befähigt zur Intuitionsentwicklung. Er vermittelt Kampfeskraft. Körperlich wirkt er blutbildend und gleicht Eisenmangel aus. Dadurch wird der Kreislauf angeregt und die Sauerstoffverteilung im Körper gefördert.

Charoit
Charoit fördert die Intuition und Liebesfähigkeit gegenüber Mitmenschen und vermittelt die eigene Betrachtungsfähigkeit. Er macht Schwächen und Grauzonen bewußt und ermöglicht, diese in Liebe aufzulösen. Er löst tiefe Veränderungen aus und hilft beim Finden auf den Weg zur Selbstverwirklichung. Körperlich wirkt er ausgleichend auf das Nervensystem und hilft, Energieblockaden aufzulösen. Er ist krampflösend und herzstärkend.

Chiastolith
Er zentralisiert die Kraft des Geistes auf die innere Mitte und macht meditativ. Er fördert Ausgeglichenheit und Realitätsbewußtsein. Er vertieft logisches Denken und Sachlichkeit. Er hilft bei der Aktivierung des Christusbewußtseins und fördert die Wahrnehmung der göttlichen Führung. Körperlich hilft er beim Stärken und Ausgleichen des Säure-Basen-Haushaltes und des Nervensystems.

Chrysoberyll
Bewußtmachung der inneren göttlichen Führung. Er fördert Disziplin und Ehrgeiz. Er schafft das Bewußtsein für verborgene Fähigkeiten, stabilisiert das Selbstbewußtsein und fördert die Entscheidungsfähigkeit. Er stärkt die Erkenntnisfindung und Bewußtwerdung über das eigene Selbst und die eigene Lebenssituation. Durch die Konzentration auf die eigene Seele fördert er im Körperlichen die Selbstheilungskräfte und die Ausleitung von Energieblockaden im Gesamtkörperbereich.

Chrysoberyll, Alexandrit

Er macht die Vielfältigkeit des göttlichen Lichtes bewußt und verstärkt die eigene Wandlungsfähigkeit. Er fördert die Betrachtungsweise von Lebenssituationen aus verschiedenen Gesichtspunkten und hilft so, blockierte Verhaltensmuster zu lösen. Er verstärkt die Fähigkeit, innere Bilder und Träume zu durchleuchten und die wahre Bedeutung des Inhalts zu erkennen. Durch die Bewußtwerdung im göttlichen Licht fördert er die Regenerationskraft der Zellen und stärkt das Immunsystem.

Chrysokoll

Er stärkt die Gefühlsfähigkeit und hilft bei der Annahme eigener Emotionen. Er hilft, trotz steten Wechsels in den Seelenzuständen, in Harmonie und Ausgleich zu finden. Er zeichnet klare Ziele vor und hilft bei deren Verwirklichung. Er fördert neutrales Verhalten, klare Linien und Zielstrebigkeit. Körperlich hilft er bei Entzündungen im Halsbereich und fördert die Wundheilung. Er hilft bei hohem Blutdruck und reguliert den Stoffwechsel.

Chrysopras

Er macht die göttliche Kraft und die kosmischen Zusammenhänge bewußt, fördert das friedliche Zusammensein mit Menschen. Er macht die Kraft des Geistes und der Gedanken bewußt und hilft, die göttliche Führung anzunehmen. Er durchfließt den Geist mit Harmonie und Geduld und fördert die Einsicht in die kosmischen Zusammenhänge. Er lenkt Sinn und Geist auf die lichtvolle Seite des Seins und fördert die Auflösung negativer Verhaltensmuster. Mit der Reinigung des Geistes wirkt er auch reinigend auf Körper und Organe. Er regt die Lebertätigkeit an und somit die Entgiftung des Körpers. Mit der starken Entgiftung der Körperzellen geht auch eine Reinigung der Haut und des Bindegewebes einher. So hilft er bei Hautkrankheiten.

Citrin
Die gelb leuchtende Farbe der Lebensfreude erfüllt den Anwender mit innerer Freude und Gottverbundenheit. Er stärkt den Drang nach göttlicher Nähe und der eigenen Selbstverwirklichung. Er hilft, Depressionen und Verstimmungen aufzulösen und den Sinn des Seins in der göttlichen Freude zu finden. Er hilft auf körperlicher Ebene, die Funktionen der inneren Organe zu harmonisieren und stärkt die Bauchspeicheldrüse.

Diamant
Er schafft geistige Klarheit und die Auflösung verworrener Verhältnisse. Er hilft, feste Positionen im Leben zu beziehen und die richtige Richtung auf dem Weg zur Gottsuche einzuschlagen. Er bringt Klarheit über Zusammenhänge von Geist und Körper. Er fördert logisches Denken und stärkt die Hirntätigkeit. Er hilft bei der körperlichen Klärung, indem er die geistigen Zusammenhänge verdeutlicht und Raum für klare Entscheidungen schafft. Auf körperlicher Ebene regt er den Stoffwechsel, die Reinigung der Zellen und des Gewebes aller inneren Organe an und wirkt stabilisierend auf die Sinnesorgane und die Drüsentätigkeit des Körpers.

Dioptas

Dioptas vermittelt geistigen Reichtum und die Verwirklichung der eigenen Fähigkeiten durch die Erkenntnis über den üppigen Einfluß der allgegenwärtigen Gottesliebe. Er stärkt den Glauben an die eigenen Fähigkeiten und die Verwirklichung der eigenen Träume durch die kosmische Kraft. Er vermittelt Gefühlsintensität, fördert Hoffnung und Vorstellungskraft. Er zentriert den Mittelpunkt der Gedanken auf die geistige Führung und die Kraft Gottes im Unterbewußtsein. Er wirkt auf körperlicher Ebene schmerzlindernd und krampflösend und neutralisiert alle Energieblockaden im Körperbereich.

Disthen, Cyanit

Er fördert das Friedensbewußtsein im eigenen Geist und erhellt das Unterbewußtsein mit dem Verlangen nach Frieden und Ausgeglichenheit. Er befreit die Seele von Trauer und Belastungen und hilft, mit Mitmenschen in Frieden und Aussöhnung zu gelangen. Er macht kreativ und lebensnah und vermittelt Intuitionsfähigkeit. Die Gefühlsfähigkeit wird durch das Friedensbewußtsein ausgelöst, logisches Denken gefördert. Die Funktionen des Nervensystems und die Leitfähigkeit im Kleinhirn erfahren Stärkung.

Dolomit

Er fördert die Akzeptanz des eigenen Wesens. Er stärkt Lebenswillen, Lebenskraft und Freude und schafft Ausgleich und Harmonie bei Gefühlsschwankungen. Er macht freudig und friedlich, jedoch nicht überschwenglich. Er verschafft Erdung und Festigkeit des Charakters. Er fördert den Willen und die Akzeptanz des eigenen Wesens. Körperlich regt er den Stoffwechsel an und sorgt für einen ausgeglichenen Mineralienhaushalt. Dadurch regt er die Blutbildung an und motiviert Herz und Kreislauf.

Dumortierit
Er fördert Spiritualität und macht die Zusammenhänge des kosmischen Seins bewußt. Er gibt Mut und Zuversicht und vermittelt die Leichtigkeit des Seins. Er macht die Unendlichkeit der Seelen bewußt und fördert das Verlangen nach Glückseligkeit. Er löst von Abhängigkeit und Zwang und ist somit ein idealer Suchtbefreier. Er nutzt gegen Unwohlsein und Magen-Darm-Beschwerden. Er wirkt stark entgiftend und hilft gegen Hautkrankheiten und Hautunreinheiten.

Epidot
Er verleiht die Fähigkeit zur Selbstkritik und hilft, falsche Verhaltensmuster zu erkennen und aufzulösen. Er gibt die Fähigkeit, negative Denkmuster zu beseitigen und fördert den Wunsch,.sich weiterzuentwickeln. Er wirkt stimmungsaufhellend, indem er Ziele bewußt macht und initiiert die Selbsterkenntnis und den Willen, an sich selbst zu arbeiten. Er hilft über Trauer oder seelische Belastungen hinweg und vertieft den Wunsch nach Erfolg bzw. Weiterentwicklung. Er reinigt die Leber und alle anderen inneren Organe, kurbelt den Stoffwechsel an und beeinflußt das Immunsystem positiv.

Falkenauge

Er stärkt die Fähigkeit, sich selbst und sein Leben aus Distanz zu betrachten und zu analysieren. Er schärft den Blick für die rechten Wege, indem er das Augenmerk auf das Ganze lenkt. Mit entsprechendem Abstand können Verhaltensmuster und Seelenzustände besser erfaßt und überarbeitet werden. Man erhält einen qualifizierten Überblick und lernt, kleine Fehler scharf herauszukristallisieren und aufzulösen. Er löst ein leichtes Körperempfinden aus und stärkt den Sinn nach Freiheit. Er lindert Schmerzen und Überreiztheiten des Nervensystems. Er erdet bei Meditationen und hilft bei der Auflösung geistiger Höhenflüge.

Fluorit

Er vermittelt den Drang nach Freiheit und verstärkt den Wunsch nach Gerechtigkeit. Er fördert die Entscheidungskraft und schärft den Sinn nach Gefühlsfähigkeit. Er öffnet die Tür zum Unterbewußtsein und gibt Selbstvertrauen. Er löst Engstirnigkeit, Eigensinn und beschränktes Denkvermögen auf und macht flexibel. Er regt die Regeneration von Schleimhäuten an und schenkt Heilung bei Entzündungen. Er unterstützt den Stoffwechsel und wirkt heilend bei Ablagerungen in Geweben und Gelenken. Die Selbstheilungskräfte werden aktiviert, und der Knochenbau wird gestärkt. Folgeerscheinungen durch Fehlhaltungen werden aufgelöst.

Granat

Granat fördert die Erkenntnis über die dreifaltige Flamme im eigenen Geist. Die Kraft des Geistes und das göttliche Licht in der eigenen Seele wird offenbar und macht gottesnah. Er durchleuchtet die Seele und den Körper mit dem Licht der Gottesgegenwart und stärkt so das Selbstvertrauen, den Mut und die Willenskraft. Er stärkt den Glauben an sich selbst. Er hilft bei der Überwindung von großen Herausforderungen und stärkt den Ideenreichtum. Körperlich beseitigt er Blockaden durch die geistige Einstellung und die Anerkennung der eigenen Göttlichkeit. Er regt die Wundheilung an, stabilisiert das Immunsystem und gleicht den Stoffwechsel aus.

Hämatit

Er fördert die Heilkraft des eigenen Geistes und macht lebensbejahend. Er beeinflußt körperbewußtes Leben und macht die göttliche Kraft der Schöpfung bewußt. Er stimmt lebensnah und freudig und gibt den Impuls der seelischen Unverletzbarkeit. Er macht das ewige Leben bewußt und stärkt den Willen nach Kraft und Liebe am Leben. Er fördert die Vitalität durch Blutbildung, Verstärkung der Blutgerinnung durch Vermehrung des Blutplasmas. Er eignet sich deshalb zur Heilung offener Wunden und sorgt für eine gute Sauerstoffzufuhr an alle Organe.

Heliotrop

Durch seine polarisierende Wirkung fördert er die Selbstheilung. Er gleicht energetische Blockaden aus und vermehrt den Ionenaustausch in den Körperzellen. Somit ist er immunstärkend und regt den Stoffwechsel an. Er bringt geistige Veränderungen in Gang und hilft unmittelbar aus schlechten Zeiten, indem er den Energiefluß fördert. Er wirkt stark vitalisierend und löst Entzündungen und eitrige

Prozesse auf. Auch bei Vergiftungen ist er wirksam, da er eine hohe ausleitende Reaktion im Körper bewirkt und somit das Blut und den Organismus von Fremdstoffen reinigt.

Jade

Sie regt die Bereitschaft zur Annahme der göttlichen Führung an. Durch ein verändertes Seelenbewußtsein und die Erkenntnis der göttlichen Fülle zieht sie glückliche Fügungen und die Erfüllung geistiger und materieller Wünsche an. Sie regt die Ideenkraft und Entschlußfreudigkeit an. Im Körperlichen stärkt sie die Nierenfunktion und verbessert den Stoffwechsel.

Jaspis

Der Jaspis erhält je nach Farbe seine Stärke und Wirksamkeit. Tendenziell stärkt er das Selbstbewußtsein und macht mutig. Er bringt Ruhe und Stabilität in Umfeld und Lebensraum. Er erlöst altes Karma und verleiht Schutz und Frieden. Er fördert die Ideenkraft und stärkt den Willen zu Erfolg und Zielstrebigkeit. Er schafft Reichtum und Anerkennung durch eigene Zielstellung, regt den kosmischen Energiefluß , Vitalität und Lebensfreude an. Er ist einzusetzen bei Erkrankungen im Unterleib wie auch gegen Umweltgifte.

Carneol

Carneol wirkt stimmungsaufhellend und durchblutungsfördernd. Er stimmt milde bei starken Aggressionen und fördert den Realitätssinn. Er macht selbstbewußt und zugleich sanftmütig. Im körperlichen Bereich wirkt er bei Kopfschmerzen und ist allgemein stoffwechselfördernd.

Kunzit
Dieser Stein macht bereit für die geistigen Aufgaben und die Ausführung des göttlichen Plans. Er macht Gottes Nähe und Führung im Leben bewußt und erinnert an den eigentlichen Sinn des Seins. Er hilft bei der Findung der eigentlichen Lebensaufgabe und macht offen für geistige Wirkungsbereiche. Er macht demütig und geduldig und stärkt die Gefühlsfähigkeit. Er wirkt stimmungsaufhellend bei Depressionen und fördert die Intuition. Er harmonisiert das Herzchakra und stärkt die Liebesfähigkeit. Er hilft bei Krankheiten im Nervensystem, löst Blockaden im Stoffwechsel und hilft bei Kalkablagerungen im Gelenkbereich.

Labradorit
Er macht die Farbigkeit des Lebens bewußt und fördert die Medialität. Er erweckt das Verständnis um die kosmischen Gegebenheiten und fördert die Spiegelung von Bildern im eigenen Sein. Er macht die göttliche Schöpfung verständlich und erweckt den Wunsch nach Verwirklichung von Träumen. Er fördert die Durchblutung und hilft bei rheumatischen Erkrankungen und Gicht.

Lapis lazuli
Er fördert die Friedensfähigkeit und den Wunsch nach Brüderlichkeit. Er schafft den Zugang zum eigenen Selbst und fördert Weisheit und Wissensdurst. Er macht wahrhaftig und hilft, die richtigen und auch die gerechten Entscheidungen zu treffen. Er stärkt die Fähigkeit, bei Meinungsverschiedenheiten sachlich und weise zu handeln und die Empfindung der inneren Instinkte zu stimulieren. Er wirkt

kommunikationserleichternd und hilft bei Halsbeschwerden. Er reguliert die Drüsentätigkeit, und er löst Mutterkomplexe oder Folgen mangelnder Zuwendung der eigenen Mutter auf.

Larimar

Er spiegelt die Fähigkeit und Befreiungskraft des eigenen Unterbewußtseins. Er macht ruhig und gelassen und befreit von alten Verhaltensmustern und Ängsten. Er verstärkt die Kraft der eigenen positiven Gedanken und vermittelt die Einzigartigkeit der kosmischen Energie. Er hilft, die Kraft, das Licht und den Geist Gottes anzunehmen, um sich selbst als Kind Gottes zu verstehen. Er regt die Selbstheilungskräfte an und macht die Zusammenhänge von Krankheit und den eigenen Wunsch nach Heilung bewußt. Er stärkt das Gottvertrauen und festigt im Unterbewußtsein den Glauben an Heilung durch Gottes Gnade und Barmherzigkeit.

Lepidolith

Er gibt die Fähigkeit, das Leben und die Inkarnationen der eigenen Seele als Spiel zu betrachten. Dadurch verleiht er inneren Frieden und die Fähigkeit, sich von äußeren Einflüssen abzugrenzen. Er macht Ziele und Lebensinhalte bewußt und schafft Klarheit in den Verwirrungen des Alltags. Er hilft bei Nervenleiden, weil er durch seinen Einfluß auf die Leitfähigkeit der Zellen entgiftend und reinigend wirkt.

Malachit
Ein starker Stein, der direkt im Unterbewußtsein wirkt. Er fördert jegliche Entwicklung auf geistiger Ebene, indem er Charakterschwächen und -stärken intensiviert und damit eine Erlösung von negativen Mustern bewirkt. Er konfrontiert mit den eigenen Fehlern und macht offen für die bewußte Arbeit an sich selbst. Er schärft den Sinn für gute Tugenden, unterdrückte Gefühle und Bilder. Er fördert die Gefühlswelt und Aufnahmefähigkeit für Wissen und Informationen. Er macht offen für Kritik. Durch die Loslösung von geistigen Begrenzungen wirkt er harmonisierend im Bereich der Geschlechtsorgane. Er bewirkt Reinigung und Energieerhöhung aller inneren Organe.

Marmor
Er ist der Stein, der den inneren Reichtum durch Gottes Allgegenwart verdeutlicht. Er stabilisiert und harmonisiert den seelischen Frieden, macht die Kraft des Geistes und Gottes Herrlichkeit bewußt. Er fördert die Annahme von Gottes Liebe als beglückende und bereichernde Kraft und steigert den Wunsch nach Harmonie. Er harmonisiert den Stoffwechsel und den Knochenaufbau und wirkt kräftigend während der Wachstumsphase bei Kleinkindern.

Moldavit
Er fördert die Entwicklung der Spiritualität und ist ein Stein voller Symbolkraft. Er fördert die geistige Kraft der Seele, löst Erinnerungen, bildhafte Träume und Inspirationen auf. Er macht frei von Gier nach Besitz und Macht und löst aus den Verstrickungen um Zukunftsängste und materieller Besorgnis. Er macht die Kraft des eigenen Geistes und der

eigenen Göttlichkeit bewußt, fördert die Öffnung des dritten Auges und ist ein Stein, der Wünsche erfüllt. Er macht die Zusammenhänge von Psyche und Körper bewußt und gibt so Anstoß für die Erlösung und Heilung von Krankheiten.

Mondstein
Er steigert die Gefühlsfähigkeit und Sensibilität und macht stark intuitiv. Er erhöht Medialität durch die Offenlegung der eigenen Fähigkeiten. Er wirkt anregend auf Stoffwechsel und Hormonhaushalt. Er macht bereit für seelisches Erleben von Gottesliebe.

Mookait
Lebensfreude und Vertiefung des Wunsches nach Gottesliebe in Meditation werden gefördert. Er heilt seelische, geistige und körperliche Wunden und stärkt die Regenerationskraft der Zellen. Er macht die Schöpfung als Wunder göttlicher Planung bewußt. Er wirkt antibakteriell und hilft bei der Reinigung der inneren Organe.

Moosachat
Er macht die Schöpferkraft und die Farbigkeit der Natur bewußt. Er fördert den Wunsch nach natürlichem Umfeld und stärkt das Bedürfnis nach naturnahem Lebensraum. Er erholt von Streß und Aufregung durch die Bewußtwerdung des Wunders der Schöpfung. Er stärkt das Seelenbefinden und gibt dem Geist Wachheit. Er unterstützt das Lymphsystem und hilft bei Infektionen. Er befähigt dazu, mit den Naturgewalten in Harmonie zu leben.

Morganit

Er fördert Lebensfreude und schafft Liebe zu Kreativität und Einfachheit des Seins. Er macht gefühlsfähig und schenkt die Möglichkeit, zur Selbsterfahrung mit den schönen Dingen des Seins. Er schärft den Sinn für Künste und die Beschäftigung mit Geisteswissenschaften. Durch die Erfahrung der Schönheit der Dinge macht er dem Gottsucher das Paradies auf Erden möglich. Er lindert alle Krankheiten mit psychischen Ursachen (z.B. Herzrhythmusstörungen, Tinnitus, Nervenleiden, Nervosität und Haarausfall).

Nephrit

Er schafft geistige Reinheit und schützt vor negativen Einflüssen. Er macht selbstsicher und tolerant. Er unterstützt die Selbstheilung des Körpers und sorgt für eine Entgiftung der inneren Organe, besonders der Niere. Durch die Anregung des Ionenaustausches fördert er die Ausscheidung von Schwermetallen, Giftstoffen, Kalkablagerungen und löst Steinbildungen und Verhärtungen auf. Vornehmlich der starken Anregung des Wasserhaushaltes ist es zu verdanken, daß er die Nieren spült und den Harnstoffhaushalt reguliert. Er löst Spannungen und Aggressivität auf.

Obsidian

Die Selbsterkenntnis und Selbstfindung wird ausgelöst, und die innere Wahrheit kommt ans Licht. Er fördert Hellsichtigkeit und übersinnliche Wahrnehmungen. Er spiegelt die Realität und bringt dadurch verborgene Hintergründe ans Licht. Er macht sinnlich und meditativ und ermöglicht, sich selbst im Spiegelbild zu betrachten und eigene Schwächen zu erkennen. Er hilft, Erlebnisse zu durchschauen und bringt Klarheit über Raum und Zeit. Er löst energetische Blockaden auf und stillt Blutungen. Er fördert die Tätigkeit der inneren Organe und die Durchblutung.

Onyx

Er stärkt das Selbstbewußtsein und fördert die Zielstrebigkeit. Er macht selbstsicher und verantwortungsbewußt. Durch die Stärkung des Realen wird der Blickwinkel auf die göttliche Kraft konzentriert. Er schützt vor äußeren Einflüssen und macht willensstark. Er verbessert die Kraft der Sinne und wirkt besonders auf die Aufnahme der Schwingungen im Innenohr. Er stärkt die Sehkraft und wirkt stimulierend auf das Immunsystem.

Opal

Er macht die Erfahrung mit dem Sinnlichen als die Eröffnung des göttlichen Seins möglich. Durch die Anregung von Lebenslust, Emotionen und Optimismus macht er anziehend und regt den Wunsch nach Zärtlichkeit an. Er fördert den Sinn nach Harmonie und Lebensqualität und macht dadurch die Liebesfähigkeit als Geschenk der göttlichen Freude bewußt. Er wirkt generell aktivierend auf das Immunsystem und fördert die nervenleitenden Botenstoffe.

Opal, Chrysopal

Er verstärkt das Bewußtsein für die ursprüngliche einfache Gottesliebe. Er macht durch einfache Gefühlseindrücke die Allgegenwart Gottes bewußt. Er hilft, Trauer und Schmerz loszulassen und durch die göttliche Freude zu ersetzen. Er macht offen für die Wechselseiten des Lebens und fördert den Glauben an die göttliche Führung. Er wirkt freudespendend und macht die Schönheiten der Natur bewußt. Er befreit von Herzdrücken und wirkt erfrischend, belebend durch seine einfache Struktur.

Opal, Feueropal
Er macht die Intuition und Kreativität im Unterbewußtsein aktiv und fördert Forscher- und Erfindergeist. Er macht selbstsicher und stabil, impulsiv und gesellig. Er gibt den Energieschub, der notwendig ist, um gesteckte Ziele zu erreichen. Er schafft Lebensfreude und Energie. Im Körperlichen regt er den Stoffwechsel an und fördert die Tätigkeit der Hormondrüsen. Er beeinflußt den Adrenalinausstoß und stärkt die Geschlechtsorgane. Er macht fruchtbar und gleicht Menstruationsbeschwerden aus.

Opal, grün
Er ist der Stein der geistigen Erholung, gleicht Erschöpfungszustände oder Depressionen aus. Er hilt bei der Bewältigung traumatischer Erlebnisse und führt in neue Perspektiven des Lebens. Er schafft Klarheit in Lebensbereichen und hilft aus emotionalen Verstrickungen. Er regt im Körperlichen den Stoffwechsel an und hilft bei der Ausschwemmung von Giftstoffen.

Opal, pink

Er macht liebesfähig, stärkt Nächstenliebe und Brüderlichkeit sowie den Willen zur Gottsuche und löst Blockaden, die den Weg zur Selbstliebe behindern. Er macht gottvertrauend und selbstbewußt und stärkt das positive Lebensgefühl. Er stärkt Herz und Kreislauf, indem er positiv auf das Herzchakra wirkt.

Peridot

Er stärkt die Findung in die kosmischen Zusammenhänge und macht frei für die Weisheit und Reinheit der göttlichen Energien. Er hilft, den Wissenspeicher der Lebenserfahrungen auszuwerten und macht die Zusammenhänge in der kosmischen Schöpfung bewußt. Er befreit dadurch und er löst Gewissenskonflikte oder Selbstzweifel. Er macht die Einheit mit der Allgegenwart Gottes bewußt und hilft so, den göttlichen Plan zu erfüllen und Nächstenliebe zu üben. Er macht selbstkritisch und löst alte Verhaltensmuster durch Selbstliebe auf. Er wirkt stimulierend auf die inneren Organe und hilft, den Körper zu reinigen. Vornehmlich reinigt er Darm, Leber und Nieren. Gleichzeitig wirkt er harmonisierend bei Hautproblemen.

Pietersit

Er spiegelt die Farben der Mutter Erde. Er macht planetenbezogen und hilft aus Sturmzeiten heraus. Gerade wenn Magnetfeldänderungen oder Schwingungen die Erde belasten, hilft er aus Notzeiten. Er schafft neue Wege und bringt Intuition und Klarheit auf allen Ebenen. Er hilft, Konflikte zu lösen, schafft Konzentrationsfähigkeit und Ausgeglichenheit. Er macht das Bedürfnis nach Erholung und Ruhepausen bewußt. Er vergegenwärtigt die Erde als lebendes Individuum. Er hilft bei Lungenkrankheiten, schlechten Träumen, Unruhezuständen und Ängsten.

Prasem

Er unterstützt beim Finden der Lebensrichtung und macht zielstrebig. Er hilft, über die kleinen Schwierigkeiten im Leben hinwegzusehen und schenkt die Fähigkeit, sein Leben im Griff zu haben. Er besänftigt und verleiht Selbstkontrolle in schwierigen Situationen. Körperlich stärkt er die Augen, wirkt fiebersenkend, hilft bei inneren Verletzungen oder Prellungen.

Prehnit

Er öffnet die Augen und führt zur bewußten Wahrnehmung seines Selbsts und des Umfeldes. Er macht dadurch selbstvertrauend und wahrheitsfindend. Er löst Bilder aus der Vergangenheit auf und hilft bei der Bewältigung traumatischer Erlebnisse. Er macht gefühlsfähig und schärft die Wahrnehmung. Er regt den Stoffwechsel an und fördert die Blutreinigung.

Pyrit

Er fördert Ideen und löst innere Bilder auf. Er macht selbstkritisch und realistisch. Die kosmische Enregie und die Kraft der göttlichen Schöpfung wird durch ihn bewußt und gibt Schutz und Charakterstärke. Er fördert die Fähigkeit, die eigene Kraft zu erfahren und macht die Allgegenwart Gottes bewußt. Er wirkt schmerzlindernd und fördert den Aufbau des Lungengewebes.

Rauchquarz
Er hilft bei starken Belastungen und extremer geistiger Anspannung. Er fördert in Zeiten der Entbehrung Mut und Hoffnungsfreude. Beruhigend wirkend stärkt er das Gefühl, mit Gott eins zu sein. Er macht rationell und hilft, Lösungen zu finden. Er gleicht Unruhezustände aus und wirkt schmerzlindernd. Er löst Raucherbeschwerden auf und stärkt das Nervensystem. Gleichzeitig stabilisiert er das Immunsystem.

Rhodochrosit
Er ist der Stein der Sinnlichkeit und fördert das Bewußtsein für die schönen Dinge und Formen der Schöpfung. Er macht sinnlich und regt den Genuß der musischen Künste an. Er fördert die Annahme der allgegenwärtigen Gottesliebe und schenkt Aktivität und Energie. Er stimuliert dynamisches Verhalten und macht liebesfähig. Er stärkt die Kreativität, den Kreislauf, reinigt die Blutgefäße und kurbelt den Stoffwechsel an.

Rhodonit
Er fördert die Intuition und die Gutmütigkeit. Er öffnet für Kritik und Änderungsfähigkeit. Er ebnet den Weg zur selbst-

losen Liebe und fördert Weisheit und geistige Reifeprozesse. Er macht verzeihend und hinnahmefähig. Er stärkt die Wundheilung und wirkt entgiftend.

Ryolith
Er stärkt das Selbstvertrauen und macht selbstkritisch. Er hilft bei Emotionsschwankungen und wirkt mental ausgleichend. Er erhöht die Konzentrations- und Widerstandsfähigkeit. Er hilft bei Hautkrankheiten, Steinbildung und verhärtetem Gewebe. Er harmonisiert das Immunsystem.

Rosenquarz
Der Stein der göttlichen Liebe hilft in allen Lebenslagen, zur wahren Gottesgegenwart zu finden. Er fördert Nächstenliebe, Brüderlichkeit, Selbstliebe, Hingabe, Demut und Gnade. Er löst Lebensfreude und Herzensgüte aus. Er öffnet das Herzchakra und gewährt so Einlaß für die göttliche Liebeskraft. Er hilft bei Durchblutungs- und Herzrhythmusstörungen sowie Emotionsstaus.

Rutilquarz
Er gibt Licht und kosmische Energie in Köper, Geist und Seele. Er wirkt stimmungsaufhellend und schafft Selbstvertrauen. Er fördert Unabhängigkeit und Intuition. Er löst Beklemmungen, wirkt harmonisierend bei Atemwegserkrankungen, Bronchitis, Erschöpfungszuständen und Minderwertigkeitgefühlen.

Rubin
Rubin fördert Liebe, Leidenschaft und Lebensfreude. Er schenkt Lebenslust und Bewegung in hoffnungslosen Situationen. Er macht selbstliebend und aktiv, leistungsfähig und spontan. Im Körperlichen wirkt er positiv auf Herz, Leber, Nieren, Kreislauf und das Immunsystem.

Saphir
Der Stein der Engelenergien, Weisheit, Brüderlichkeit, Nächstenliebe, Intuition und des geistigen Wachstums fördert den Wunsch nach geistigem Fortkommen. Er eröffnet die eigenen Fähigkeiten und weckt den Wunsch zur Suche nach Gott und der eigenen Selbstverwirklichung. Er macht fröhlich, stimmungsaufhellend, willensstark und schafft geistige Klarheit. Er fördert den Willen zum körperlichen und geistigen Fortkommen, gleicht die rechte und linke Gehirnhälfte aus und unterstützt das Nervensystem.

Sardonyx
Er fördert Kommunikation und analytisches Denken im Glauben an die eigene Kraft und das Selbstbewußtsein. Er macht freundlich und hilft, belastende Geschehnisse aus der Vergangenheit zu überwinden. Er verdeutlicht Hintergründe und klärt Zusammenhänge von Ereignissen. Er kräftigt die Sinne und stärkt die Gefühlsfähigkeit. Er regt Stoffwechsel und Immunsystem an, fördert die Reinigung des Körpers.

Schalenblende
Sie fördert die geistigen Fähigkeiten und hilft, alte Verhaltensmuster aufzulösen. Sie projiziert spirituelles Denken, macht ausgeglichen und fördert intuitives Träumen. Sie gleicht die Tätigkeit der Hirn- und Nervenzellen aus, fördert sog. Geistesblitze, schafft Ideenreichtum und Spontaneität. Sie stärkt die Sinne, unterstützt die Hormontätigkeit und das Immunsystem. Sie schützt vor Schad- und Giftstoffen, die sich im Nervensystem ablagern. Durch die Anregung der Hirntätigkeit und dessen Sauerstoffversorgung wird die körperliche Reinigung optimiert und die geistige Leistungsfähigkeit gestärkt. Sie hilft bei Vergeßlichkeit.

Serpentin
Er fördert licht- und liebevolle Gedanken, wirkt ausgleichend und harmonisierend auf das Gemüt. Er hilft, das Positive zu erkennen und anzunehmen. Die eigenen Gedanken werden auf das Gottesbewußtsein gerichtet. Es wird friedensvolles Handeln gefördert und das Herzchakra harmonisiert. Er lindert Verdauungsbeschwerden. Herzrhythmusstörungen, Durchblutungsstörungen und Energiemangel.

Smaragd
Er fördert die göttliche Führung im Unterbewußtsein und bringt verborgene Fähigkeiten ans Tageslicht. Er unterstützt geistiges Fortkommen und führt zur Bewußtmachung kosmischer Zusammenhänge. Er macht selbstliebend, gefühlsfähig und gerecht. Er hilft, durch Gottvertrauen über Schicksalsschläge hinwegzukommen. Er bringt Harmonie und

Klarheit der Gedanken und geistige Weitsicht. Er fördert die Sinnesorgane, besonders die Augen, und hilft bei Infektionen. Er lindert rheumatische Beschwerden und fördert das Immunsystem.

Sodalith
Er fördert Intuition und geistige Klarheit, Freiheitsstreben und bewußte Gestaltung des eigenen Seins. Er macht kommunikativ und beeinflußt das Friedensbewußtsein. Er inspiriert göttlich und schafft den Sinn nach göttlicher Nähe. Körperliche Blockaden im Halsbereich (Heiserkeit, Husten und Mandelentzündung, Fieber, hoher Blutdruck) werden aufgelöst.

Sonnenstein
Er stärkt den Sinn nach Fröhlichkeit und Harmonie und gibt Energie, Frohsinn und Lebensfreude. Durch die Stärkung des Selbstvertrauens stimmt er selbstbewußt und optimistisch. Er hilft aus Winterdepressionen, fördert das geistige Wachstum und regt das Immunsystem an. Er schenkt Energie für alle Körperzellen und unterstützt bei Erschöpfungszuständen.

Sugelith
Selbstverwirklichung und Selbstsicherheit werden gefördert. Er macht zielsicher und beeinflußt das spirituelle Bewußtsein. Er stimmt positiv und macht den göttlichen Kern in der eigenen Seele bewußt. Er stimmt fröhlich und angstfrei und hilft, harmonisch mit Mitmenschen umzugehen. Er stabilisiert und harmonisiert das Nervensysstem.

Thulit

Er fördert Inspiration, Kreatitvität, macht intuitiv und abenteuerlustig, fördert die Freude am geselligen Umgang mit Mitmenschen. Er stärkt das Immunsystem und wirkt harmonisierend auf den Unterleib und die Geschlechtsorgane.

Tigerauge

Er fördert Selbstbewußtsein und Selbstvertrauen. Er beeinflußt den Sinn nach Zielstrebigkeit und schnellem Fortkommen. Er macht die angeborenen Instikte bewußt und hilft, das Göttliche in sich selbst zu sehen. Er macht geschmeidig und anschmiegsam, zugleich kämpferisch und kraftvoll. Er hilft, die eigenen Ziele selbstsicher zu verfolgen und schafft den Blick für die Realität. Er hilft bei Augenleiden und harmonisiert das Nervensystem. Er gibt Schutz im Solar-Plexus-Bereich und fördert die Vergegenwärtigung der Liebe Gottes.

Tigereisen

Er verleiht Kraft und Stärke und den Willen zum Leben. Er fördert den Energiefluß im Körper und hilft bei der Blutbildung. Zugleich steigert er die Sauerstoffversorgung und fördert klares Denken und geistige Wachheit. Er wirkt stabilisierend auf das Seelenempfinden und hilft bei Eisenmangel.

Topas
Der Stein der Weisen fördert Wissen und Wahrhaftigkeit. Er stärkt das Bewußtsein und den Sinn nach Selbstverwirklichung. Er macht gleichmütigf und demütig in bezug auf göttliche Fügungen und hilft, die Konzentration auf den eigenen göttlichen Kern zu richten. Topas steigert die kosmischen Energieflüsse im Körper und harmonisiert die Chakras. Dadurch wird das Immunsystem gestärkt und der Stoffwechsel angeregt. Er klärt seelisch bedingte Eß- oder Verdauungsstörungen, indem er Gott im Leben sichtbar macht.

Türkis
Er weckt das Mystische, die spirituelle Kraft und Lebensfreude. Er macht bewußt, daß mit der richtigen Einstellung und positivem Denken alles erreichbar ist. Er verleiht die Fähigkeit, mit den kosmischen Energien zu arbeiten und fördert so Harmonie und Vitalität. Er schenkt Gesundheit, indem er alle Organe, alle Zellen mit Energie versorgt. Er macht gefühlsfähig und stärkt die Sinne, wirkt entkrampfend und entgiftend.

Turmalin
Für geistige Wachheit und Klarheit sorgt dieser farbenfrohe Stein. Er vereint in sich alle Farben, die körperlich und geistig wirksam sind. Er stellt eine Verbindung zwischen Seele, Geist und Körper dar und fördert den Wunsch nach geistigem Fortkommen. Er macht die göttlichen Zusammenhänge bewußt und fördert alle körperlichen Heilprozesse.

Er beeinflußt das bildhafte Erleben in der Traumwelt und löst Blockaden in Körper, Geist und Seele. Er regt die Nerven- und Hormontätigkeit und den Stoffwechsel an. Er fördert die Blut- und Zellreinigung, wirkt schmerzbefreiend und neutralisiert Strahlenschäden.

Variscit

Er wirkt stark harmonisierend auf alle Zellen und Nerven, fördert geistige Wachheit und Klarheit. Er stärkt den Energiefluß, entgiftet den Körper. Er verleiht Energie bei Erschöpfungszuständen und löst Ablagerungen in den Gelenken sowie bei Arterienverkalkung.

Versteinertes Holz

Es macht die Unsterblichkeit des Geistes bewußt und fördert die Erkenntnis über das ewige Leben. Es vermittelt Natur- und Erdnähe und aktiviert das bewußte Handeln. Es macht erdverbunden und gleicht sog. Höhenflüge aus. Es kräftigt die Verbindung zum Körper bei sog. meditativen Austritten aus dem Körperbewußtsein. Er führt zur Besinnung auf die einfachen Lebensstrukturen und verschafft Atmosphäre naturnah. Es regt den Stoffwechsel und das Immunsystem an und reguliert die Drüsentätigkeit.

Zirkon

Er macht geistig wach und klar und verleiht das Bewußtsein für kosmische Zusammenhänge. Er verleiht Leichtigkeit und hilft über alte Verhaltensmuster hinweg. Er zentriert das Bewußtsein auf das helle, strahlende Licht Gottes und löst materielle Ängste auf. Er unterstützt die Tätigkeit aller Organe, speziell Leber und Milz.

Zoisit
Er macht frei und ungebunden von irdischen Verhaftungen. Er zentriert das Bewußtsein auf Intuition und Ideenreichtum und inspiriert den göttlichen Gedanken. Er stimmt lebensbejahend und stärkt das Gottvertrauen, den Glauben an die Kraft Gottes. Er stimuliert den Willen zur Selbstheilung und fördert so die geistigen Kräfte und die Stärkung des Immunsystems. Er entgiftet dadurch Körper und Gewebe.

Bäume als geistige Helfer

Die Heilkraft und energetisierende Wirkung von Baumseelen ist in kosmischem Ursprung. Tief verwurzelt in den kosmischen Energien und der Natur steht ein Baum im Lauf der Zeit. Genügsam nimmt er aus Gottes Hand Nahrung, Licht und Wasser. Unbeweglich steht er in Raum und Zeit und übt gottesdemütig den Dienst für den Planeten Erde. Er ist eingebunden in das Gleichgewicht der Schöpfung und steht regungslos im Licht der kosmischen Sonne, im Sturm des irdischen Regens. Doch seine einfache und stille Art, Gott zu dienen in Ehrfurcht, macht ihn heilig. Alle Baumseelen dienen regungslos im Sturm der Jahreszeiten, um mit jedem Frühling die ewige Wiedergeburt nach dem Sterben des Winters zu demonstrieren. Frei und doch erdgebunden trotzen sie jedem Sturm und beweisen allen Wesen, daß ihr Glaube, ihre Einfachheit, ihre Demut, ihre Bescheidenheit und Sanftheit sie Gott nahebringt. Der himmlische Vater in seiner Güte und Größe ernährt sie stets und lohnt mit dem Quell ihrer Heilkraft.
Stellt Ihr Euch in den Energiefluß von Bäumen, schenken sie Euch die kosmische Kraft und die allgegenwärtige Gottesliebe. Ihr könnt von ihnen lernen, demütig und schweigsam den Namen des Herrn zu lobpreisen, auf daß Ihr wiedergeboren werdet im Licht der Zeit.

Bäume und ihre Energiequalitäten:

Ahorn
Er steht in allen Landstrichen, in den Ebenen, den Vorbergen und den Bergen (Feldahorn, Spitzahorn, Bergahorn). Seine Energien machen standhaft und kraftvoll in allen Lebenslagen. Er vermittelt, daß die göttliche Frucht, die Ihr in Eurer Seele tragt, der Anfang der Glückseligkeit ist und die göttliche Kraft jeder Seele und jedem Wesen innewohnt. Er macht die Verbundenheit mit Gott bewußt und verstärkt die Erfahrungen mit der Unsterblichkeit.

Akazie
Die Akazie vermittelt die Schönheit und Sanftheit der blühenden Gottesliebe. Akazien stehen sanft im wärmenden Regen der Gottesgegenwart und vermitteln den Wunsch nach geistiger Reinigung und dem wärmenden göttlichen Energiefluß. Sie wirkt reinigend, bewußtseinsfördernd und gibt viel von ihrer leuchtenden Energie.

Birken
Sie sind genügsam und anspruchslos. Sie vermitteln Demut und Einfachheit, Pioniorgeist und Zähigkeit. Sie helfen bei der Verwirklichung von Zielen und vermitteln die Bezugnahme auf das Schlichte im Leben. Sie verschenken lichte, klare Energie und fördern die Gefühlswelt. In ihrer Energie wirkt das Gefühl inneren Reichtums, der Kraft und der Glorie des göttlichen Bewußtseins.

Buchen

Sie strahlen voll Lebenskraft und Licht und fördern das strebsame Suchen nach der göttlichen Allgegenwart. Sie formen einen starken Wirbel der lichten Kraft direkt ins Zentrum der kosmischen Energie. Damit fördern sie den Energiefluß und lösen Veränderungen aus, die den Gottsucher zur Glückseligkeit führen. Sie verbinden Körper, Geist und Seele, fördern die dreifaltige Flamme als die Frucht von Meditation und Gottesbewußtheit. Sie machen widerstandsfähig gegen Beschneidungen der geistigen Freiheit.

Eibe

Sie vermittelt die Unsterblichkeit und die Fruchtbarkeit des geistigen Wachstums. Sie kann bis zu 18 Metern hoch und bis zu 3000 Jahre alt werden. Die kosmische Kraft gibt ihr Schutz und Widerstandskraft gegen äußere Einflüsse. Sie kündet von der Bedeutung der kosmischen Kraft und wirkt befruchtend auf Geist und Seele im Sinne der allgegenwärtigen Gottesliebe. Sie macht den Unterschied zwischen männlicher und weiblicher Energie deutlich und fördert das geistige Fortkommen und die daraus resultierenden göttlichen Früchte. Sie vermittelt das Bewußtsein, sich selbst zu schützen und doch für Mitmenschen Hilfe und Stütze zu sein, ohne sich selbst zu verausgaben.

Eiche

Sie symbolisiert Kraft und göttlichen Reichtum. Sie fördert das geistige Fortkommen und den Sinn für Gerechtigkeit. Sie stärkt die Energien und deren Fluß im menschlichen Körper. Sie hilft, Gotteskraft und Gottesenergie zu speichern für Tage, die energieärmer sind. Sie macht die kraftvolle Führung Gottes bewußt und zündet das Licht der heiligenden Göttlichkeit. Sie fördert Harmonie und Selbstliebe.

Esche

Die Esche vermittelt geistige Führung und innere Flexibilität. Sie hilft auf den rechten Weg und bietet die göttlichen Früchte des Gottsuchenden im Fluge. Sie macht widerstandsfähig und fördert geistigen Reichtum. Sie verbindet das Göttliche mit dem Weltlichen und lenkt das Schicksal in die göttliche Richtung.

Eukalyptus

Eukalyptusbäume vermitteln Kraft und Stärke und wirken entwässernd. Sie reinigen Geist und Körper und vermitteln das Bewußtsein, daß die göttliche Liebe und das göttliche Licht in Bescheidenheit und Einfachheit erwächst. Sie stärken das Bewußtsein dafür, daß im Geist Gottes das Heil aller Seelen liegt. Sie verleihen frischen Geist und emotionale Klarheit.

Fichte

Sie symbolisiert den allumfassenden Geist und vermittelt das Christusbewußtsein. Sie verhilft zu Zielstrebigkeit und bewußtem Gottsuchen. Sie fördert die Kommunikation und gemeinschaftliches Handeln. Sie schenkt die erwärmende göttliche Kraft, das Bewußtsein für die vielfältigen Möglichkeiten, zu Gott und der göttlichen Bewußtwerdung zu gelangen.

Kastanie
Sie verleiht Energie und geistige Stärke. Sie macht die göttliche Freude bewußt und verleiht Dankbarkeit und Demut. Sie stimmt meditativ und wirkt geistig befruchtend. Sie hilft, harte Zeiten zu meistern und stärkt die Gefühlsfähigkeit.

Kiefer
Sie steht für den Standpunkt, daß Gott überall im Leben zu finden ist. Stille Zurückgezogenheit und Meditation wirken geistig befruchtend. Sie vermittelt die Kraft, auch in schlechten Zeiten die göttlichen Energien zu nutzen und aus allem den positiven Kern zu ziehen. Sie inspiriert zu nützlichen Leistungen.

Lärche
Sie macht uns die sanften, spielerischen Seiten des Lebens bewußt und lehrt uns, nicht angriffslustig und widerspenstig gegenüber unserer Umwelt zu sein. Sie symbolisiert die Leichtigkeit des Seins und fördert die Brüderlichkeit und den Wunsch nach Harmonie.

Linde
Sie stimuliert den Gemeinschaftssinn und beeinflußt den Geschmack an schönen Künsten. Sie gibt Kraft, Trost und das Gefühl, eins mit Gott und allen Wesen zu sein. Sie stärkt das Gerechtigkeitsgefühl und fördert den Drang nach Selbstverwirklichung in der Natur.

Tanne
Sie vermittelt die Reinheit des göttlichen Geistes. Sie entzündet den Quell göttlicher Liebe und berührt die Seelen mit dem Wunsch nach Einheit mit Gott. Sie fördert die Suche nach naturnaher Umgebung und gibt den Sinn für die göttliche Allgegenwart. Sie vermittelt Selbstvertrauen und Selbstwertgefühl und gibt Anstoß auf der Suche nach Gottes Allgegenwart.

Ulme
Sie verleiht die Unbeschwertheit und Leichtigkeit im kosmischen Bewußtsein. Sie hält beweglich und bringt Glück. Sie beflügelt die Sinne und schafft ein kindliches, fröhliches Gemüt. Sie verbindet die Allgegenwart Gottes und die göttliche Freude, um den Gottsucher in Sanftheit zur Glückseligkeit zu führen.

Walnußbaum
Er fördert die geistige Wachheit, Klarheit und das geistige Wachstum. Er gleicht männlichen und weiblichen Seelenanteil aus und stärkt das Verantwortungsgefühl, den Wissensdurst. Dadurch verleiht er Weisheit. Er schafft Einblick in kosmische Zusammenhänge und wirkt bewußtseinsentwickelnd. Durch logisches Denken und Aneignen von Wissen führt er auf die Pfade des Gottsuchens.

Organisches Germanium - Quell des Lebens

Gott Vater, der Schöpfer allen Seins, ist allgegenwärtig in allem, was ist und in allem, was sein wird. Die Kraft des Geistes und des Lichtes des Herren ist in Euch und allen Lebewesen. Alles, was Ihr denkt und fühlt, zeugt von hoher Materialisationskraft. Erahnt, was erstehen kann in der Kraft der Gedanken. Diese Eure Welt ist so, wie Ihr sie heute erfahrt, ein Teil Eurer Gedankenkraft. Denn alles, was Ihr Euch denkt, setzt sich um – Kraft des kosmischen Geistes. Nehmt Euch zum Beispiel die Pflanzen. Sie leben und atmen, um Gott zu dienen, in Liebe, Demut und Hingabe. Sie sprechen nicht, sie bewegen sich nicht und dienen Gott in Sanftheit in ihrer Aufgabe für die Schöpfung Gottes. Demütig nehmen sie, was Gott ihnen gesandt hat, durch Raum und Zeit und verharren in immerwährendem Gebet im Angesicht der Allgegenwart Gottes. Sie sind des Vaters stumme Zeugen für seine Liebe. Sie verströmen die Gedanken der Gottesehrfurcht und -hingabe. Jede Pflanze übt mit Kraft der Gedanken den Dienst in Demut an die Göttlichkeit. Nun wisset, daß mit der Kraft der Gedanken, des Geistes alles ersteht, was Ihr mit Euren menschlichen Augen wahrnehmt. Alle Atome, alle Protonen, Neutronen, Elektronen - alles Sein und Werden beruht auf der Gedankenkraft Gottes. Alles ist aus elektrisch-magnetischer Kraft entstanden, im Äther der Zeitlosigkeit, durch die Kraft Gottes. Die Pflanzen sind verschmolzen in göttlicher Anbetung mit der kosmischen Energie. In ihnen entsteht ein besonderes elektrisches Feld, das sie belohnt für den demütigen Dienst in Gottes Namen. Lobpreisen sie den Herrn und seine Heiligkeit, belohnt er sie durch den Kraftstrom

des Lebens.
Durch diesen Strom der elektrischen Kraft entsteht der Stoff, den Ihr Organisches Germanium nennt. Schon die chemische Struktur im kleinsten Atombereich weist auf den göttlichen Ursprung dieses Halbleiters hin. Den Ursprung dieses Stoffes findet Ihr in der Urkraft göttlicher Gedanken. Sucht Ihr den Quell des ewigen Lebens, so habt Ihr in der Gedankenkraft der göttlichen Liebe und Demut jene heilspendende Ursache, die Euch Aktivierung der Selbstheilungskräfte und ewiges Leben schenkt. Alle Pflanzen enthalten jenen Stoff und bilden ihn aus ihrer gedanklichen Struktur des Dienens an Gott Vater und seiner Schöpfung. Ist eine Pflanze vital und gesund, dankt sie Gott in der reinsten liebevollen Gedankenform. Und sie produziert durch elektrisches Feld den Stoff der Göttlichkeit auf Erden. So sind viele Heilkräuter und Pflanzen voll göttlicher Vitalität und Hingabe. Sie führen Spuren dieses halbmetallischen kristallinen Stoffes der Heiligkeit Gottes in sich. Organisches Germanium gewinnt Ihr aus Kohle, die die organische Restsubstanz von Pflanzen ist. Durch die Substanz des Halbleiters Organisches Germanium könnt Ihr Euren Geist mit der göttlichen Energie der Liebe aufladen. Es gleicht die elektrische Leitfähigkeit der Zellen aus und versorgt sie zusätzlich mit Sauerstoff. Durch seine Fähigkeit, Schwermetalle und Giftstoffe aus dem Körper auszuschwemmen, können Eure Selbstheilungskräfte aktiviert werden. Dies steigert die Sauerstoffversorgung aller Organe und die Leistungsfähgigkeit des Gehirns. Fast alle Eure organischen Erkrankungen erstehen aus einem Mangel an Sauerstoff im Körper. Auch hier ist der Zusammenhang deutlich mit dem geistigen Wachstum der Seelen. Durch Gebet und Vergegenwärtigung der göttlichen Liebe und

der Allgegenwart Gottes wird die Lebenskraft gestärkt und der Sauerstoffgehalt des Blutes und der Zellen gewährleistet. Wird nun die materialisierte göttliche Liebe in Form von Organischem Germanium dem Körper zugeführt, stärkt das die Liebe und Freude in jeder Seele. Das wiederum stärkt die Lebenskraft, denn die göttliche Energie ist der Lebensquell allen Seins. Beschaut Euch die Struktur der Chemie des Organischen Germaniums, und Ihr erkennt in ihr den Stern des David, das Symbol der göttlichen Allgegenwart. Es stammt aus der chemischen Struktur der materialisierten Gottesliebe, die Weisen und Gelehrten in Meditation offenbart wurde. Sie hatten um das Zeichen und die Gestalt der göttlichen Liebe gebeten. So ist dieser Stoff Organisches Germanium die göttliche Lebenskraft selbst, die sich in der Schöpfung materialisiert. Es schützt vor allen Krankheiten und hilft, dem Organismus wieder mit der Lebenskraft und der Quelle der göttlichen Liebe verbunden zu sein. Es stärkt die Immunabwehr und schützt die Körperzellen sogar vor radioaktiver Strahlung und Zerstörung.

Organisches Germanium ist absolut ungiftig. In seiner Grundstruktur ist es kristallin, und seine Eigenschaften als Halbleiter fördern den Informationsfluß der Elektronen im Körper und regen somit die geistige Entwicklung an. Die göttliche Liebe wird im Unterbewußtsein verankert, und Energieblockaden werden aufgelöst. Das geistige, körperliche und seelische Wachstum jedes Menschen ist prinzipiell von seiner spirituellen Entwicklung abhängig. In Kombination mit natürlicher und gesunder Lebensweise, dem liebevollen Weg durch Gebet auf Gottes Pfaden und Gottesdemut stellt Organisches Germanium das Wundermittel Eurer Zukunft dar. Mit einem ausgeglichenen Säure-Basen-Haushalt und dem göttlichen Quell der materialisierten Lebensfreude, dem Gebet, dem Vertrauen in Gott ist jede Krankheit flügge wie ein Kücken, das sein Nest verläßt. Denn Ziel allen Seins ist die Vergegenwärtigung und Manifestation Gottes in Eurem Bewußtsein. So ranken sich Mythen und Sagen um den göttlichen Trunk der ewigen Jugend und der immerwährenden Gesundheit. Gott allein ist dieser Quell, und in seiner Gnade hat er Euch die Energien des Heils geschenkt, auf daß Ihr sie vergegenwärtigen sollt in Eurem Bewußtsein. Die Zeit ist gekommen, zu erkennen, zu wachsen in der Reife Eures Geistes. Die moderne Zivilisation, Eure starke Umweltzerstörung und Vergiftung Eures Planeten ist die Materialisation der Gottlosigkeit. Je weniger Menschen an Gott glauben, um so mehr wird Euch die Lebenskraft und somit der Sauerstoff entzogen. Schult Euer Bewußtsein, sonst holt Ihr den Lauf der Naturzerstörung nicht mehr ein. Die Zeit ist nicht geschrieben, und Gott ist gnädig. Er erwartet den Wandel Eures Bewußtseins, um Euch die Gnade und Barmherzigkeit seines Geistes zu offenbaren. Ändert Ihr Euren Bewußtseinszustand nicht, so werdet Ihr Euren Planeten zerstören. Gott sendet Euch viele Hilfestellungen, um bewußter mit dem kosmischen Geist zu werden. Ergreift die Chance und lernt, zu sehen, was allgegenwärtig ist. Des Herren Segen, seine Liebe, sein Licht sei in Euren Herzen und verleihe Euch Frieden.

Shevan